日本人よ、かくあれ

大和の
森から贈る、
48の幸せの
見つけ方

岡本彰夫 文
保山耕一 写真

ウェッジ

日本人よ、かくあれ

大和の森から贈る、48の幸せの見つけ方

はじめに

知人に乞われて一文を草した。

「悪疫の流行で全ての機能が中断しています。歴史が証明する様に、必ず沈静する日は来ます。まさに天の試練と言えましょう。

問題はこの時期に、終息後に打つべき手立てを考えておくことでしょう。

こんな事になって初めて気付くことが多すぎました。

自国の力だけでは、立ち行かぬ状態にさらされて居る事も自覚出来ました。天地自然に対して、あまりにも小さ過ぎる人間の存在も自覚する事が出来ました。

過度の経済追求への虚しさも覚悟出来ました。

つまりこれらの案件に対して、これからどうして生きていくかを思い定めねばならないのです。

自国の食物自給率を向上させていく事。人間の奢りを増長させぬ事。百二十パーセントの欲望を追求せぬ事、天地自然を敬愛する事。つまり八割の幸せに甘んじる努力をする事。そんな修練を積んでいきたいものです。

自国の文化・伝統そして伝承や仕来りは、風土の中で研鑽を積んできた、知恵と工夫と力の凝縮だと思います。歴史や伝承には、きっとその答えが沢山秘められている筈です。

再度自分と自国を見直してみたいものです。

そうして、この不幸な経験との遭遇を、幸せな未来への糧としたいと思います」


浮かれていた時期は終わった。外国の力を頼りにして、見果てぬ欲望にかられていた姿が露わとなった。我々全てが自覚したのだ。

地球の温暖化、自然への冒瀆、戦争や動乱、悪疫の流行等々。人が人として再考を促される時に、この拙文が何かのお役に立てればと思う。我々が生きていく上で、常に〝ソナエ〟(備え)と〝カマエ〟(構え)が必要なのだ。

当初目指した内容は、「日本あらまほし記〜日本よかくあれ〜」であった。心をゆさぶる写真は、映像作家・保山耕一先生に懇願した。

海野雅彦編集部長のお誘いに端を発し、根岸あかねさん・齊藤加代子さんには大層お世話になった。

目次

002 はじめに

第一章 「誇り」と「決まり」を大切にする

008 霞の奥 日本人よ、今こそ誇りを取り戻せ
012 なれのはて 幸せな最期を迎えるために
016 一ツ松 やむにやまれぬ想いで動く
020 風格 捨てても捨てても遺るもの
024 死んでも活きる 肩書きがなくなってから
028 伝承の重み 理想の姿は想いの中にある
032 鎖国のススメ 八割の幸せで生きよう
034 仕事の心得 万燈籠と商売のヒント
036 学問 真偽を照らし見るための鏡
038 合理化の愚 無駄の全てが無駄ではない
040 女人禁制私考 古儀が伝えているもの
042 弁《わきま》え 〝決まりごと〟には意味がある
044 宴の教訓 無言の実行が周囲を幸せに
046 干柿の憂鬱 人を信じることの大切さ
048 浮世離れ 巻き込まれないための智恵
052 目分量 予測できないものが心を打つ
056 秘伝 物事の重さ、深さを知る

第二章 神・仏・祖先をうやまう

060 奥の奥 上を目指せば限界がくる
064 儀式の解読 想いを未来に伝える
068 土を拝む 心をはぐくむ存在
072 旅は神事なり 解放と生まれ変わり
076 乳房の報い 父母の恩を説く偽の経文
080 紆余曲折 苦難を乗り越えることは尊い
084 禱醫《とうい》 神仏の、み心に叶う生活を送る
088 方便とはなにか 本筋を違えぬ方法

第三章　自分のふるさとを知り、愛する

092　京の雅と奈良の鄙　違いを楽しもう
096　不浄の掟　忘れ去られていた敬意
100　岳《だけ》のぼり　日本人はなぜ山に登るのか
104　竈の飯　みんな知っていたはずのこと
108　入鹿の首　いつまでも忘れない心
112　歴史の行間　心の営みを読む
116　瀞八丁《どろはっちょう》に学ぶ　自然は人生の手本
120　芝止《しばど》め　大和言葉の美しさと品格
124　蚊帳《かや》　奈良の名産は穏やかさの象徴
126　素麺探求　美味いものをつくるためには
128　春日野の虫　大和名物、数々あれど
130　餅談義　モチャック者の仕事ぶり

第四章　人の話を我が事として考える

134　海苔の顔　自分を醸成させること
136　職人の矜持　技と良心を大事にする
140　石工の誓い　死ぬ気で事に当たる覚悟
144　散髪道　高い技量を提供する誇り
148　バーテンダー　心さえ変われば人生は回る
152　K女の涙　〝粧ひ〟はイキミタママツリ
156　美しく老いる　何事も釣り合いが大事
160　市井の智者　袖の下からでも廻る子
164　光の奥義　天を味方につけたらエエのや
168　すたとら　円熟には長い時間が必要
170　余白　無駄と思われることを大切に
172　おわりに　祈りの風景　保山耕一

第一章

「誇り」と「決まり」を大切にする

霞の奥

日本人よ、今こそ誇りを取り戻せ

日本人は誇りを捨てた国民だと、言った人がいた。

本来、「誇り」とは自己顕示欲でもなく、一人よがりの慢心でもない。誇りとは大切な事や物を守る心である。

よく家系を誇る人がいる。それも結構なことだが、自分の努力で成し得たことでもなく、たまたまそこに生まれて来たのだから、成り行きに過ぎない。むしろその家系に相応《ふさわ》しい人になる様に努力して、世の為、人の為に尽くしてこそ価値があるのではなかろうか。それは自分が評価するのではなく、人様が評価して下さることなのである。

元来、誇りを持って営み続けて来たが故に信頼を得ている老舗《しにせ》の中に、不正をする例が幾つもあって、落胆を重ねたことが思い出される。政治も教育も経済も混迷を繰り返す昨今、どうすればこの国は、かつて持ち続けていた、人格の陶冶《とうや》や、利他を志す価値観を取り戻すことが出来るのであろうか。

この問題を解決する方策の一つは、私は「日本人が誇りを取り戻すこと」だと考えている。別に国粋主義者になれと、言っているのではない。それは、自分が生まれた故郷に誇りを持ち、家族や友人に誇りを持ち、自分の職業に対して誇りを持つことなのである。

大和という所は、日本人が誇りを取り戻すのには、最適の場所だと思う。その訳は、歴史が断絶していないという一事にある。歴史が断絶していないということは、生きた人が生きた人に伝えて来た物事が脈々と活きているのであって、祭礼や法会《ほうえ》、技術や伝承等々が淡々と息づいているのだ。

加えてこの土地は古《いにしえ》より豊かであったから、全くガツガツしたところが無い。故に古きもの、佳きものが沈黙の中に、鎮《しず》まっている。

そんな大和に生を亨《う》け、長じて神職になろうと一念発起して、大学に進み、ご縁あって春日大社《かすがたいしゃ》に奉職、以来三十八年神前奉仕を許された私が、その土地の上に座って識《し》ったこと、想ったこと、そして、こうあらねばならんと会得したことをお話ししていきたいと考えている。

幕末・明治の歌人、八田知紀《はったとものり》は、

吉野山 霞の奥は 知らねども 見ゆる限りは 桜なりけり

と詠んだ。その「霞の奥」を、ご紹介してみたいのである。

霞の奥に立つ金峯山寺を遠望する
（奈良県吉野郡吉野町）

なれのはて　幸せな最期を迎えるために

数年前、神主職を辞して、気楽な身分になった。

人様に前職を問われると、「神主崩れです」と答えていたが、別に悪い事をして放逐《ほうちく》された訳でなし、それなりの事はさせてもらったから、「神主上がりです」と言うことにした。「くずれ」と「あがり」では大違いである。

生来の願望は「浮世離れ」で、住むのは山中が良いし、あまり人前で話すのも好きでは無い。そんな話をすると人に笑われる。よく講演を頼まれるから、人前で話すのが大好きだと思われているらしい。

当然役職に就《つ》くのも嫌いだが、皮肉なもので、嫌いな者こそ引っぱり出されるのが、浮世の恒《つね》である。早く職を辞して隠居しようと考えた。

隠遁《いんとん》は世を逃れて閉じ籠もる事だが、隠居なら、隠れた所でゴソゴソ出来ると思ったからである。

父祖代々の家屋敷を整えるよう、亡母が遺言していたから、少ない退職金をつぎこんで修復に取りかかったが、新しい家を建てた方がよっぽど安くあがる。取りあえず江戸時代の姿に戻し、祖先を顕彰しようと策を練っている。

世の中には、気楽に隠居暮らしを満喫されている諸先輩も多いが、やはり老いても老いたなりに、世の中のお役に立っていなければ世間様に申し訳が立たない。「あんなオッサン、早う死んだらエエのに」と思われるより、「少しでも長く、生きていて欲しい」と願われる存在になりたい。退職時に目指した「いつまでも必要と思われる人生」を送りたいと念願している。

老いてこそ知れること、老いてこそ解ることがある。

亡き祖母は「人の智恵の出盛《でざか》りは七十過ぎてからや」と常に言っていたから、六十代ではまだ若僧だ。若い頃から仕事柄、人様の前でそれらしい講話をやらされたが、経験や体験を積まれた、人生の大先輩にはとても及ぶべくもなく、胆も据わっておらず、所詮《しょせん》はチッポケな存在でしかなかったから、六十過ぎてから、今まで学んだ事から生きるための本を書かせてもらうことにした。

要は人生で大切なのは最期だと思う。一世を風靡《ふうび》した人物が、どこかで孤独死していたという報道がある。人様から慕われた人が、悲しい最期を送ったのでは、それは裏切り行為である。幸せな終末を迎えてこそ納得される。「なれのはて」こそが大切なのだ。

春日大社・飛火野の日の出
（奈良市・奈良公園）

一ツ松　やむにやまれぬ想いで動く

かくすれば　かくなるものと　しりながら　やむにやまれぬ　やまとだましひ

吉田松陰の有名な一首である。国事に奔走する松陰が、ほとばしり出る想いを黙《もだ》し難く、その心根を詠んだものである。これをなせば身に難儀が降りかかることがわかっていても制し難い、その真情を発露する様は、共感を覚える。

若き日の松陰は大和を訪れ、五條《ごじょう》の儒者・森田節斎《もりたせっさい》のもとに遊び、その学識を賛嘆している。時に嘉永《かえい》六年（一八五三）二月十三日のことであった。

更に松陰は節斎の紹介で、大和八木の谷三山《たにさんざん》に面会している。三山は幼少より病弱で、青年時に聴力を、老いて視力を失ったが、数千巻の書物を読破した碩儒《せきじゅ》であった。人とのやり取りは筆談であったという。松陰はこの人を評して「師ノ師タル人」と書き記している。

かくして師を求めて旅する行動力は、やがて若い人々を突き動かす原動力となったのである。

もう一首、私の心にのこる歌がある。惟任日向守光秀《これとうひゅうがのかみみつひで》、すなわち明智光秀の歌である。

光秀は奈良とも関係深く、興福寺の子院・多聞院《たもんいん》の記録、『多聞院日記』にも記事が散見される。

近江八景の一つ「唐崎《からさき》の夜雨《やう》」で有名な、唐崎神社には舒明《じょめい》天皇五年（六三三）の頃に植えられたという「軒端《のきば》の松」がある。日吉《ひよし》大社西本宮の御祭神が大和三輪山より遷られて、童《わらべ》の姿でこの松の梢《こずえ》に立たれたという伝えにより、霊松《れいしょう》と崇められた、いわゆる「唐崎の松」であるが、惜しくも枯れてしまった。

織田信長の比叡山焼き討ち後、近江国滋賀郡の支配を命じられ、坂本城の城主となった明智光秀が、霊松の姿がないことを嘆き、危険を冒して浅井領に生えている一ツ松を奪って、唐崎に植栽した際に詠んだとされるのが、

われならで　誰かは植ゑむ　ひとつ松　こころして吹け　志賀《しが》の浦かぜ

（私でなければ、誰がこの松を命をかけてまで植えられようか、琵琶湖の浜風も心して吹いてくれ）という歌である。史実はどうであったかは判らないが、「俺がやらなきゃ誰がやる」ということである。

人生には何度かこんな場面に遭遇することがある。

逃げず隠れず、「俺にしか出来ぬ」の決断のもと、果敢に事をなしとげようとする「勇み」ということが必要なのだと思われてならない。

三輪山と月（桜井市）

風格　捨てても捨てても遺るもの

風格とはいったい何であろうか。

『新選国語辞典』（小学館）によると、「①ふうさいと品格。ひとがら。②おもむき。味わい」とある。しかしどうも品格と風格は異なるものではないかと思う。もちろん風格は品格を包含する、えも言われぬ有り様《よう》というか、醸し出される雰囲気というか、表現しがたい状態だ。

東大寺の長老で書画にも名高い清水公照《しみずこうしょう》師は、しばしば焼き物で仏や人物を作られて、これを「泥仏《でいぶつ》」と呼んでおられた。常識や思い込みを超越した、脱俗の泥仏は飄飄《ひょうひょう》としていて今も人気がある。師の百の流儀をまとめた「泥仏放語集」に「ぼけにも風格」と書かれたものを見たことがある。これを見た時、えも言われぬ感慨を覚えた。

人がたどって来た人生の果てに生ずるのが風格であって、その有り様はどれ一つとして同じものはなく、個々区々《まちまち》なのである。つまりその人の人生の香りというか、結果の立ち姿である。

人生の舟に、知識や経験や想いを積めるだけ積んで川を下っていく。しかし全てを持っては死ねないから、ある年齢に達した時は、これを捨てて行かねばならない。昨今はやりの断捨離だ。

しかしいくら捨てて行っても、本当の事は遺る。真実は遺る。残り香のように。その残り香が美しいのである。

若い頃、献茶の担当をしていた。神前への家元の御献茶が済んで、何席かある茶席廻りの時に、家元の内弟子のご老人のお供をした。ご流派では名のある先生だから、その先生が席に入られるやいなや、席は静まり凛とした空気が漂った。

ところがその先生は、わざと寛《くつろ》がれ、お話も楽しいし、作法もサラリとこなされる。茶《ちゃ》杓《しゃく》の拝見などは、しっかりと要点を押さえつつも、型にとらわれる事もなく、自然で美しいものだった。

捨てた姿は美しい。但《ただ》しそれは修めて修めて、修め尽くした人が捨てた姿が美しいのであって、修めもせず、舟の荷物も少ない人が捨て去った後には、全く何も遺っていないのである。中途半端に修めた人と、修め尽くした人とでは全く仕上がりが違うのである。たどって来た先にあるもの、全てを呑みこんでから吐き出した後に遺るもの。

つまり人生の残り香と余韻こそが風格というものではなかろうか。

東大寺大仏殿回廊、西側の門扉
（奈良市）

死んでも活きる　肩書きがなくなってから

今私の最大の課題は、「死ぬまで必要とされる人生」は、どうして歩めばよいのだろうかという一事である。

いくら会社で昇り詰めても、名刺を返上してしまえば、もうおしまいである。つまり肩書を返上してしまえば〝只の人〟になってしまうのだ。

まずそうなると顕著に変化するのが、年賀状と中元・歳暮の数である。

坊主・神主でも、その揮毫《きごう》は最高職に就いている間は光彩を放つが、職を去ったり死んでしまえば価値が暴落する人が多い。

とにかく生きている時は作品の価が高くても、此《こ》の世を去った途端に価値が下がるという事は、その人の職名に対しての価値であって、本人そのものの価値では無いということになってしまう。

美術工芸の世界でも同じことだ。在世中の値と、死後の値が変貌するということは、どういうことであろうか。

また反対に生前と変わらぬ人、それ以上に価値が上がる人もいるが、願わくば没後上がってもらうに越したことはない。

奈良にかつて不染鉄《ふせんてつ》という画家がおられた。東京の出身で、日本画を学び写生に出かけた伊豆大島で漁師となり、再び画業を志して京都市立絵画専門学校（現・京都市立芸術大学）へ入った。才能ある人で、その作品は高く評価されたが、画壇に嫌気がさして、奈良の学校で美術の先生をされていた。ついには乞われて校長まで勤められたが、晩年は不遇であった。いつも画料は八万円。八という字が好きだったらしい。

不染は昭和五十一年に八十四歳で逝去されたが、若い人達は彼を慕っていたという。没後二十年にして、はじめて奈良県立美術館で特別展が開催された。会場は常に入館者でいっぱいで、図録は会期中に売り切れてしまった。「幻の画家」と評され、その作品もよく知られていなかったが、近来はその価値が認められ、作品の入手もままならぬ状態である。

死んだ途端に価値が失せる人生よりも、死んでから活かされていく人でありたいと思う。

しかしそうなるためには、晩年が大切だ。

肩書を返上してから、只一人の人間としての真価を発揮出来なければ、死後の評価などありえない。

まずは死ぬまで皆さんに必要とされる人生を送ろうと、懸命に暮らしている毎日である。

朝日を浴びる興福寺五重塔
（奈良市）

伝承の重み

理想の姿は想いの中にある

　史実で無い事はとかく軽んぜられるという風潮がある。しかし本当にそんな扱いで良いのであろうか。

　講談や浪曲で喧伝された「忠臣蔵」には、史実に無い咄《はなし》がワンサカ盛り込まれている。

　例えば〝南部坂雪の別れ〟だ。桃中軒雲右衛門《とうちゅうけんくもえもん》の浪曲で〝御納戸羅紗《おなんどらしゃ》の長合羽〟の語り出しで有名な一節。その顛末は、亡くなった浅野内匠頭《あさのたくみのかみ》の妻・瑶泉院《ようぜんいん》が侘び住まいする江戸南部坂の浅野邸に、大石内蔵助《おおいしくらのすけ》が雪の夜、挨拶に参上する。夫の仇討ちを願う瑶泉院は、その挙について詰問するが、内蔵助は本日の参上は他家への仕官が決まった故の挨拶と答える。当然瑶泉院の周りには間者が居ると想定しての配慮であった。
激怒する瑶泉院の目前に、一巻の巻物を取り出した内蔵助、道中の旅日記と偽って、亡き主君の仏前へと供え、瑶泉院の罵倒を受けて辞去する。

　雪の中、傘をさして南部坂を遠のいて行く、内蔵助の後ろ姿が一層の寂しさを誘う。後刻その旅日記が討入り一統の連判状であった事が判明して瑶泉院が涙するといった筋立てだ。

　こんな史実は無かったに相違ない。しかしこの話の中には、かくあって欲しい、こうなりたいとの熱い想いが籠められているのだ。

史実はいかようであっても、人としての生き方と価値を願う余りに、想いはふくらみ、且つ創造されていく。それは道徳であり、理想の姿である訳で、むしろ史実よりも私は伝承の方が大切なのだと考えている。

とりもなおさず伝承は「心象遺産」である。決して荒唐無稽な作り話だと一蹴してはならないのだ。この話を受け入れ、こうあらねばならんと考えて、生活の規範とした我々の祖先の生き様があるのだ。

心の入らぬ教育よりも、こちらの方が、いかほど情に訴え、涙を誘い、心に染み入るか知れないと思う。故に私は「浪花節的教育論者」を自負している。〝義理〟や〝人情〟は古いのか。こんなご時世だからこそ、義理や人情といった古い規範が必要なのではなかろうか。

義理とは多分に犠牲が必要だ。それは自分の欲望と享楽を犠牲にせねばならんのである。言いたい放題、やりたい放題のみを自由というのなら、誰が責任を持つのであろう。

〝世間様〟という意味の、良い活用方法を模索する時が到来しているように思う。

朝焼けの高天原伝承地（御所市）

鎖国のススメ　八割の幸せで生きよう

私が無智であるが故に、申しあげるのである。

いっそ鎖国したらどうだろう。疫病は入ってこない。たちまち食糧が無くなるから、休耕田は全て無くなり、農家も増える。都会暮らしに辟易《へきえき》した若者や、定年後の時を持て余す人々は帰農してくれる。すると地方も活気づく。

燃料が無いから、里山を大切にして、樫《かし》や櫟《くぬぎ》や楢《なら》などを植栽して、炭焼きの技術も伝承され、猪や猿も人家に近寄る必要も無く、紅葉して景色も良くなるし、松林も燃料を採って掃除するから松茸も沢山あがる。

外国へ出て安い賃金の人を使って収益をあげようとされている、企業の皆さんは全て帰国して、日本人の働く場所が増える。

恐ろしい程幼い頃から、勉強させて一流大学に入らずとも、働く場所が一杯あるから、子どもは昔のように、塾に行かず村や街のあちこちで子どもの遊ぶ声が聞こえるようになる。

プラスチックも作れなくなれば、竹の皮や木の器が必要となるから、ロクロの技術も伝承されるし、漆器も復活する。すると漆が必要になるから、日本産漆も生産される。プラスチックによる海洋汚染は根絶される。

平安時代にも国を閉じたが、国風《こくふう》文化が勃興《ぼっこう》し、日本人の智恵と技術と美意識が開花して独自の工夫が謳歌した。江戸時代もそうだ。日本を深く追求する事が始まり、全国の生産力が向上し、都市部と農村部、中央と地方に人材が平均的に行きわたった。

国風文化が興ると、家屋も日本化して従来の木造建造物がもてはやされ、木材の国内需要も高まって、山が整備され、山が豊かになる。そうなると海も豊かになって山海共に綺麗になる。どんどん廃業している瓦屋さんも復興するであろうし、建具も需要が多くなり指物《さしもの》の技術も遺る。何よりも床の間が復活して、掛軸やら置物が日の目を見るから、表具や日本画や陶芸もかつての盛況を呈してくる。

床の間は精神空間だから、心を大切にする事に気付き、心を養う必要性に目覚めると、企業から心を病む人が減り、無駄やヒマの大切さが判る。

とめどない欲望の渦に巻き込まれ、百二十パーセントの幸せを、全ての人が望む事によって、国を挙げて金儲けに突進して、自滅・全滅の道を突進する我々を止めようとする途は最早、鎖国しかあるまいと思う。

八割の幸せを享受する事に全員が納得しないと地球は滅ぶに違いない。

仕事の心得

万燈籠と商売のヒント

真面目な人材育成会社の幹部が相談に来た。昭和五十年代以降、欧米化が加速して、いかに利益を上げるかに企業の価値観が変貌して、その潮流は止められなくなった。成果主義だから、自らの出世の足を引っぱる様なリスクのある用件は避ける。

昔は〝士〟のような上司がいて、若い衆が考えぬいて建言した事は、「やってみなさい。全ての責めは私が負う」と言ってくれたものである。

今ならば、もしも失敗して引責の痛手を負う事は極力排除するから、結果的に、若い人の芽を摘み、やる気を削いでしまう。

とある大企業の中堅幹部連中は、会社が困難に直面している時にこそ、未来を開拓出来る人材を育成すべきだと上層部に懇願したら、「何でそんな必要があるのか」と一蹴されたという。肝心なのは「人材」なのだ。

商道徳も大きく変容した。春日大社には「万燈籠」と称えられる程、燈籠が多く奉納されている。奉納者は関白や将軍以下、大名や庶民に至るまで多種多様で、且つ世相を色濃く反映している。奈良で酒造が盛んであった頃には、江戸まで酒を送った「江戸酒屋」からの奉納もある。

近年ボランティアの方々が、大正以来の大規模な調査をされた。その結果を聞いて最も感心したのは、そもそも「商売繁盛」を刻んだ燈籠は、昭和五十年代以降にしか無いという事だ。ならばかつての商人は、どんな趣旨で奉納したのかを調べてもらうと、「諸国客衆繁昌」なのだという。つまり己が儲けを祈るのではなく、お取り引き先様がお栄えなさいますようにという、願いをこめた燈籠だけなのだそうだ。

私が目にした猿沢池畔の旅籠の燈籠には、「諸国客衆中」とあった。お泊り下さったお客様から頂戴した宿泊費を、少しずつ手元に置いて、その金子《きんす》で一期一会の客衆の幸せを祈ったのである。昔の人はこんなゆかしい心ばえで、商いをしてきたのである。

むしろ己が利益のみを願うことなど、「恥」としたのであろう。

人材育成会社から頼まれた、企業幹部育成の講座には、最初と最後の二度だけ出講することを約した。初日の三時間で、「人は情で使わんとアキマヘンで」と説き、最終日の三時間では、「家族を守るために、勤めに出てるのとちがうンか！」という話と、「みかえりの無い心、計算の無い心で徳を積めば、必ず運は開くンや！」という話をする事にしている。

学問　真偽を照らし見るための鏡

進学校の同窓会に招かれて、講演をした。

同窓会の役員が約三十名、新卒業生が百有余名。先に役員会があって六十歳以上の役員さんの会務報告。その時若い連中が喋りまくる。あまりに気の毒だから、後ろを向いて注意したが全く効果無し、おまけに私の講演には全員出て行って、役員三十名が残られた。

学問とは一体何なのであろうかと深く考えさせられた出来事であった。

学校は学問するだけではダメである。人格の涵養《かんよう》をしない国は滅亡してしまうだろう。

鎌倉時代の名僧で、大和の西大寺《さいだいじ》中興の祖・叡尊《えいそん》上人が弟子に示された『興正菩薩御教《こうしょうぼさつごきょう》誡聴聞集《かいちょうもんしゅう》』の中で、「学問するは心を直さんためなり」と仰言《おっしゃ》っている。以下要点をお示ししておこう。

◇学問をするのは自分の心を直すためである。

◇世の人は知識を求める事にのみ心して、心を正そうとする者はいない。

◇学問とは、その真義が何であるかを考えて、自らの心が正しいのか、間違っているのか、真理の鏡に照らして、誤りは正し、良い所は益々伸ばして努力することをいうのである。
◇勉学にいそしみながら、心を直して行くのである。心が美しくならぬような学問をして何の益があろうか。
◇いくら勉学にいそしむとも、向上心の無い者、人のため、世のために生きようとする心が無い者には、天地の加護は与えられず、運にはめぐりあい難いのだ。
◇つまらぬ事を思わず、気宇壮大な生き方を目指して、日々修業だと思い、苦しい事から逃げず、それを乗り越えて行かねばならない。
◇机上の学問では駄目だ。手足を休めず修行する。つまり実践あるのみである。修行とは行う事、活動する事、実現に向かって行動していく事である。そして心と体のバランスがとれていなければならないのである。

以上私なりの意訳である。

日本は国土も狭い、物資も乏しい。この国を立派に存続させるために必要なのは人材なのである。人を育てる事こそ最重要であろう。

その根本は家庭そして学校と社会である。

おぞましい事件の発生を見るたびに、この一事は焦眉の急だと思えてならない。

合理化の愚　無駄の全てが無駄ではない

とある高級料亭が経営不振となった。官々接待が無くなったからだと噂されたが、決してそれだけではあるまい。そこで新しく若手の起業家が名乗りを上げ、優秀と称する人材が送り込まれた。

数々の無駄を排除する必要性から、勤務者は削減され、献立も整理したから、かつてのように、ハンバーグの上に卵をのせて欲しいであるとか、ご飯が欲しいであるとかいう、ささやかな要望も却下されることとなった。今まで素晴らしいコック帽をかぶって腕を揮《ふる》っていた料理長が、ある日突然若い連中と同じ、鳥打帽をかぶらされていたので、これについては、優秀と称する連中に対し、「あの料理長はナァ、何年かかってあの帽子をかぶる事が出来たと、思《おも》てるネン。あの帽子かぶるために、どれだけ努力したたと思てるネン」と異議を唱えて、元に戻させた。

大きな問題はこれまで偉容を誇った大玄関である。この式台《しきだい》玄関で靴を脱いで、堂々と座敷へ通され、あの料亭の御馳走を食べたいと願い、努力した人がどれ程いたことであろうか。それをある日突然、利益率の高い結婚式の宴会を沢山取って、収益をあげるため、一時に多くの人を座敷へ通そうと、この大玄関を土足に変えてしまったのである。

由緒ある名料亭の玄関を土足で汚すことに対し、地元の人々の怒りをかい、多くの人々は料亭の哀れな姿を見るに忍びないと、訪れなくなってしまった。

また、とある名門ホテルについても問題がおこった。

大会社の経営となって、本社でこれから偉くなるという人材が二、三年派遣される。彼らはここがステップになるから、つまらぬ奮励努力をして、少しでも収益を上げる事に血道をあげて、自らが無駄だと思う事を探し出し、わずかな収益を増やして出世の材料と提示し、本社に凱旋する。

現場は堪らない。各部屋にサービスとして配置した氷水のポットを廃棄させ、ロビーに自販機を配置したのだ。

おおよそ行楽というものは、「ユトリ」「イヤシ」「クツロギ」を満喫して、日頃の憂さを晴らすもの。その憂さの捨て所が、ギスギスした合理性に覆われていたならば、とても憂さなど捨てるべくもなかろう。

無駄と収益というこの相反する二つの要件を両立させ、しかも経営を成就させてこそ、プロの経営者のなせる技ではあるまいかと、期待を寄せたいものである。

女人禁制私考

古儀が伝えているもの

民俗学の泰斗、柳田國男先生は昭和十五年に『妹《いも》の力』という著を世に送られた。「日の本は岩戸神楽の昔より女ならでは夜の明けぬ国」という天明年間頃の狂歌がある。日本で至尊《しそん》とされる太陽神は女神なのである。

かつての神事を詳しく見ていくと、女性による祭祀であって、女性を尊んでいたことは歴然とした事実である。それがいつの間にやら女性の出入りを禁じたりする様になるのは、武士の活躍する時代となったり、女人往生等の事どもの影響もあろうが、奈良で見聞きした「女人禁制」の仕組みから、私なりに感じていることをお話ししてみたいと思う。

東大寺二月堂で連綿と勤められる「修二会《しゅにえ》」いわゆる「お水取り」は女人禁制だ。今も局《つぼね》での聴聞は許されるが、中に入った礼堂《らいどう》には女性は入れない。東大寺別当を勤められた、故・橋本聖準《はしもとしょうじゅん》師はこんなことを、おっしゃった。

「行《ぎょう》をしてますとナァ、神経が鋭敏に磨ぎ澄まされてきますので、内陣に入っても局におられる女性の化粧品の臭いがわかることがあります」と。

奈良仏教は国家仏教で、教学を重んじると共に国家万民の安楽を祈るため、生きとし生くるものが犯した罪障滅罪《ざいしょうめつざい》を祈る悔過《けか》を行う。罪滅ぼしのため、体を痛めつける苦行を修する。とても女性の体力では無理で、必然男性がこれに当たる。男性が体力を消耗させると、生命維持の働きがおこるのは動物として、至極当然のなり行きだから、妙齢の女性に近寄られでもしようものなら、行の完遂は難しいことになろう。故に女人のお出入りは、お許し願いたいというのが女人禁制の本旨であって、女人が穢《けが》れているのでも、罪障が深いのでもないのだ。

吉野山金峯山寺《きんぷせんじ》でも、大峯山《おおみねさん》は女人禁制である。山伏が山野を跋渉《ばっしょう》し、万物の罪障を懺悔して、天下の泰平を祈る。行中には「キケマラ」という言葉があってキケる、つまり疲れると性器が働くのである。

相撲もそうだ、屈強な男が全力を以て闘う。故に土俵の上は、女性にご遠慮願うということになる。

物事の志すべきことを解せずに、想像で議論することは、いかがなものか。お水取りも大峯修行もお相撲も、元は力を尽くして神仏に捧げる浄行に起因し、純粋を追求していることを、忘れて欲しくは無いと思う。

弁《わきま》え

〃決まりごと〃には意味がある

「ワキマエ」とは大切なことである。

某放送局の著名な女性アナウンサーが、とあるお家を訪問して、大切に伝えてこられたお茶碗を、高く捧《ささ》げ持って、高台《こうだい》を眺めている姿を見て、ゾーッとした。これで通《とお》るのである。こんな世の中になってしまったのかと情けなくなってしまった。

人様の家の大切なお品を拝見するのなら、それなりの仕方があって、先ず傷をつけぬよう、金属製の指輪や時計は外《はず》す。昔なら金属質の物を飾った羽織の紐なども外したものである。そうして、大事な物は膝の上か、なるべく畳に近い所つまり、低い所で拝見する。物を大切にする姿は、持ち主に対しても、またその物に対しても、心得おくべき礼儀であるのだ。

こんな無様《ぶざま》な姿を、さらけ出す女性アナウンサーは、それを知らぬことを「恥」と感じねばならないし、当然関係者は注意を促すべきであって、只々周りで笑んでいる事も許し難い。

全てにおいて「弁え」のある人が、少なくなってきた。

おおよそ、この国の人は決まりごと、約束ごとが好きな性格を持ち合わせている。それは

「型」にすることによって、安全で且つ美しく処理することが出来るからである。

こんな決まりごとを熟知している人を、「弁えのある人」と呼び、心得無き人を「弁えの無い人」と呼ぶ。

手紙などは特にそうである。およそ平安朝以来、子どもの読み書きは、往来物《おうらいもの》を以て教科書とした。江戸時代に至っては、寺子屋の教科書として代表的な、「庭訓《ていきん》往来」やお百姓用の「百姓往来」等々、実に七千種類に及ぶ往来物、つまり手紙を以て初等教育の教材として大切にしたのである。

人の顔を見ず、心を通じることが大変難しい事であるからこそ、殊《こと》に意を用いたので、文字を覚える事は勿論、「書札礼《しょさつれい》」という手紙の礼儀をも教えたのである。昔の人はみんな、この弁えを持って筆を執ったから、不作法なものは無い。

今も丁重で、且つ自負ある方は巻紙でお手紙を下さるのだが、書札礼で言えば、自分より目上と思う人には、「殿」の字は楷書で、同輩なら行書で、後輩や部下には草書で書くし、書き初めは余白を充分に取らねばならない。

昨今の機械通信ではこんな情は通じ難いのである。

宴の教訓

無言の実行が周囲を幸せに

夫婦揃ってお呼ばれすることが、昨今多くなった。その際、妻はエプロンをカバンに忍ばせて、宴がお開きになると、颯爽《さっそう》とエプロンを出して手早く片付けの手伝いをする。来客の多い自宅の経験から、少しの片付け扶助がありがたいからである。

近年奈良に赴任して来た若夫婦と心安くなって、家族どうしの往来が始まった。若夫婦はご主人を大ちゃんといい、奥さんは綾ちゃんだ。可愛いお嬢ちゃんが二人居る。

大ちゃんの家に招かれての夕食会が果てて、いつものように家内が台所まわりを片付ける姿を見て、綾ちゃんは、以来お呼ばれには必ずエプロンを持参するようになったらしい。

この夫婦は会社の寮に住んでいる。そこには同年代の数組の夫妻が共に暮らしておられるようで、時々それらの家族を招いて懇親会をするそうである。何日も前から献立を考え、旦那さんと趣向を凝らすのが、ふたりの楽しみとなっていた。

クリスマスにはやや盛大にすると見えて、食品の調達や、子どものお土産などを整えていたことを知っていたから、出会った時に先日のクリスマスの盛況を聞かせてもらった。随分と行き届いた宴であったらしく、子どもたちも大はしゃぎだったという報告に、自分の事のように嬉しくなって、夫婦の労苦をねぎらった。

そしてその時、質問したのは、宴が果ててからの、お客様方の動向であった。

全員が「ありがとうねー」の言葉をのこしたまま一斉に立ち去ったそうである。それを耳にして、私はいたたまれぬ気分になった。

二人はその事を全く意に介せず、「皆さん楽しんで下さったから」と微笑んだ。

しかしこの時、一人でも「皆さん少しだけでもお片付けをして帰りませんか」という人はいなかったのだろうか。全員がわずか十分でも残って、この夫婦の好意に対して、感謝の気持ちで、片付けをしていたならば、深夜まで大ちゃんと綾ちゃんが食器洗いをする時間も軽減出来たであろうし、参加した子どもたちも、父親や母親の行為を見て、学ぶ事も出来たであろう。

こんな幼い時の体験が、人を思いやる心を自然と身につけさせられたであろうし、人様の好意には好意でお応えせねばならんのだという心を、言葉ではなく教えることが出来たであろうと、悔やまれた次第である。

無言の実行がいかに人を育てられるかということである。

干柿の憂鬱　人を信じることの大切さ

柿は元来渋柿であったから、食用として登場するのは、どうやら平安時代の『延喜式《えんぎしき》』からであろうと思われる。もちろん干柿だ。

完全甘柿は奈良の「御所柿《ごしょがき》」からである。江戸時代、御所柿と言えば、日本随一の美味い柿で、宮中や将軍家への献上品として用いられた。

好物の干柿の到来物があったので、頂戴しようと、袋を採ると何やら沢山文字が印刷されている。

※お買い上げ後はお早目にお召し上がりください。

◇干柿の表面の白い粉は果実内に含まれている糖分がにじみでて結晶となったものです。

◇まれに干柿の表面に黒い点がありますが、柿の渋みの成分タンニンが固まったもので無害です。

◇干柿の中に種が入っているものがありますので、食べるときにご注意ください。

というものだ。最後の注意書きを読んで、笑ってしまった。

「干柿に種が入ってて当り前やがな」

こんな事を書くという事は、種が入っていたと文句を言うヤツが居るからだ。いつから日本では自分の言動に自分で責任を持つという認識が消えてしまったのであろうか。

春日大社の石燈籠は二千基あって、全てにロープで柵がなされている。もしこのロープと杭が無かったなら、境内はどんなに美しいであろうかと、何度も思ったが、もし誰かが登って事故でも起こそうものなら、当方の管理不行届きとなって、お上からお咎《とが》めをうけるそうである。

近鉄の会長をされた故・山口昌紀《やまぐちまさのり》氏は随分含蓄のある話をされた。昔は鉄道の不具合があって電車が停まった時は、現場に誰が居るのか連絡を取り、「アイツが居るんやったら、二時間経ったら大阪から電車出そうか」と決断したという。つまり現場の人間力を信じたのである。しかし今はコンピュータに委ね、人より機械の方を大切にする。

食品の賞味期限もそうだ。昔は母親が先ず口に含んで、食べて良いか否かを決した。つまり母の舌を信頼したのである。

人を信じた永い歴史が極《ごく》近年になって、一定のルールや機械の判断を重要視するようになってしまった。自分の行為に責任を持つ事や人を信じる事がいかに大切かを、この国はいつになったら思い出してくれるのであろうか。

浮世離れ　巻き込まれないための智恵

くすんでいたら叱られる。輝き出せば疎《うと》まれる。

厄介なのは「浮世」である。

学生時代に東京の某デパートに、熨斗紙《のしがみ》書きのアルバイトに行った。一つのフロアーに何百人の人がうごめいていて、一人一人の存在が、小さく感じられた。

その点、奉職した春日大社は境内三十万坪の中に神主が二十数名。一人一人の存在が大きく思われた。

つらつら考えてみると小さい頃から骨董が好きで、暗い土蔵の中で古い物に触れているのが、至福のひとときであった。ある時、およそ自分が好んでやって来たことは、一貫して〝浮世離れ〟であったと気がついた。「現実逃避」と言われると、ミもフタも無いが、浮世離れとは、なんとも情緒ある仕業ではあるまいか。

先日友人の出家が家に遊びに来られた。口唇《こうしん》ヘルペスで困っておられ、これもストレスのなせるワザだという。ご出家でもストレスを感じられるのであるから、巷《ちまた》の生業《なりわい》なればこそ、想像を絶するご苦労があろう。

兎角《とかく》人の世である限り、人間関係や揉め事に巻き込まれることは世の恒で、何度神様の御殿から外へ出たく無いと思ったことがあったかしれない。「人間のおらんトコへ行きたい！」と思ったことも数限り無くある。

人である限り、人と離れては暮らせはしない。

この塵の中にあって、安らかに過ごすのは至難の業ではあるが、心構えと工夫で何とか乗り越えられるものである。

法句経《ほっくきょう》の名訳に「むさぼりの中にむさぼりて、且つむさぼり無くげに生きんかな」という一文がある。この世の中は貪《むさぼ》りだ。みんなが貪っている中に、一緒に貪りつつも、貪り無く生きようとする心構えは大切だ。

先年ものした『道歌《みちうた》入門』（幻冬舎）には次の一遍上人の歌を入れた。

水鳥《みずとり》の　水に入《い》りても　羽《は》も濡《ぬ》れず　海の魚《うお》とて　塩もしまばや

（『月刈藻集《つきのかるもしゅう》』）

水鳥は水に入っても羽は濡れず、海の魚は海の中にいてもその身は塩辛くは無いという意味だ。心まで周囲に染まってはならん、実体まで変わってはならんとの教えである。

心を遊ばせる空間や、心を遊ばせる行為があってこそ、生きて行ける。浮世離れこそ生きる智恵だと感得してほしいものである。

春日大社中門（奈良市）

目分量

予測できないものが心を打つ

今年も餅搗《つ》きの季節がやって来た。いつも手伝いに来てくれる、和菓子屋の若旦那が一升取りのお鏡餅は二千八百グラムで取りましょうと、計量器を出した。

私はお供えのお餅は目分量で取ろうと断った。全て機械に頼るのはイヤだったし、味気ない思いが胸に去来したからだ。

ある時、新規開店の日本料理店に、お祝いのつもりで友人を誘って一席を設けることにした。板場は志の厚い青年で、向上心も強く研究熱心な人物である。大成してもらいたいが故の仕儀である。

酒好きな人が多かったから、大和の芳醇な地酒を注文したのだが、なかなか酒が出て来ない。店と調理場との間の暖簾を上げて、中の様子を見てみると、一所懸命に酒一合を秤でキッチリ量っている。

その時思わず、「そんなアホなこと、やめとき！」と叫んだ。

私は酒は飲めないが、昔から「酒飲みはイヤシイもんや」といって、一合入りのカップの下に小皿を敷いて、一合以上の酒を注いで、盛りこぼす。このおこぼれが、酒飲みにとっては無上の喜びとなるのだから、一合入りの徳利に一合入れてはいかん。多めに入れたらお客さんには、よく分かる。少々の酒をケチってはならんと戒めたのである。以来その店は秤を用いず、お客さんの求め以上の量を目分量で徳利に入れている。

計測を超えるモノやコトは、心であると思う。一足す一は二であることは当たり前であって、一足す一が三にも、五にもなる世界が必要なのである。お手盛りという裁量が肝心な時があるのだ。

近頃は何でもマニュアル化する若者が多い。しかし相手が生物《なまもの》つまり、生身の人間であれば十人十色、百人いれば百人が異なる心を持っているのだから、こちらの推測通りには決し難い。

つまるところ、各人にふさわしい対応をせねば、人様は満足してはくれないのだから、マニュアル化など出来ようはずがないのである。

ならばどうするか。何グラムと決めて餅を取っても、そこに取る人の心や技が加えられなければ、とても美味しい餅にはならないのだ。

計測外の世界が解せぬと、人並み以上の結果は出せず、人の心を打つことはない。そんな絶妙不可思議な世界に我々は暮らしているのである。

平城宮跡に復元された
第一次大極殿と、日の出（奈良市）

秘伝　物事の重さ、深さを知る

神社には今も秘伝がある。「一社相伝《いっしゃそうでん》」とはその社に勤めた者に許される秘伝である。「一《いち》人《にん》相伝」とは宮司から次の宮司へといったふうに、一人にのみ伝えられていく秘事である。

私の知人がある時、豆腐造りをやりたいと言い出したが、上手く造れない。そこで名店に突然に見学をお願いしたところ、快く見学を許されて、早速伺って拝見したが、美味い豆腐は造れなかった。つまり見ても解らない、修練を重ねないと出来ない物はオープンにしても何ら差し支えはないのである。

秘伝とは、見れば聞けば、すぐさま会得が出来る存在だ。だからこそ、この秘伝を受けるには、「資格」が必要となるのである。

こんな人物は秘伝を受けるに値《あたい》しないという話を、ご紹介しておこう。四十年も前、茶席でのお茶碗拝見の際、まわりの先生方が、「ウーン」と唸っておられたので、何も解らない私が勇気を出して、「どこがエエのですか」と伺ってみると、全員が黙された。これはいかんと思い立ち、自ら茶碗を造ってみようと考えて、プロでは無く素人でありながら、上手な方を探し出して入門させてもらった。

拙い自分が茶碗に高台をつけると、高台が主張する。俺が高台だと言わんばかりに突出する。つまり取ってつけたが如き風合を作出するのである。

名人上手の造った品は高台が茶碗に溶け込んでしまって一体となっており、違和感が全く無い。つまり「自然」ほど大事なものはないと自得して、自然の素晴らしさ、奥深さという事を究めてみたいと念願するようになった。

爾来《じらい》四十年、自然という大問題と向き合い続けている。

最近、奈良で若い歌手が私に教えを乞うという形の催しがあって、彼は私にこう質問をした。「私はこれから、どんな工夫を凝らして歌をうたえば良くなるでしょうか」と。私はすかさず「自然がエエなあ。自然になりなさい」と答えたところ、彼は即座に「了解しました」と応じた。

自然とは、そんな軽薄な存在では無い。彼には解るはずなど無いのである。

本物の自然に至ればこの上無いが、作為の自然にしても不自然なる物は長続きはしない。必ず飽きがくる。ご飯やパンも自然である。素であり淡である。故に生涯食べられる。

物事の重さや深さが解らねば、秘伝は授けられないのである。

第二章

神・仏・祖先をうやまう

奥の奥

上を目指せば限界がくる

外資系の某カード会社が、とある奈良の施設に大枚の寄付をした。その際に願い出た事は、奈良の神社仏閣を紹介してもらいたいという内容であったらしい。そこで困り果てた担当者から私に相談の電話がかかってきて、先方が一席設けるから、しかるべき人を集めてくれませんかと言う。どうも胡散《うさん》臭い話だから、それは辞退して、自腹で出席してくれる友人を集め、私を含めて三人で担当者の顔を立ててやることにした。

宴席が始まって、いくらたっても本論の話に入らぬから、業を煮やした我々から質問をした。「アンタら何しに来はったん?」と。

すると待ち構えていた如く、金持ちのお客を連れて来るから、人の入れぬ場所に入れ、人の見られぬモノを見せて欲しいと言う。即座に三人が首を横に振った。

そもそも奈良という所は、捨て去られた都である。しかし霊地に建立された社寺の移座は考えられようもなく、この地で千年間、天下・国家・万民の幸福を祈り続けて来た。

つまり銭金財物への執着を捨て、本物を追求し、且つ護って来た所だ。こんな場所が日本にはまだ遺っているのである。言わば「清貧」に甘んじて来た世界に入り込んで、これだけ出せばここまで、これだけ積めば更にその先とは、実に無礼千万な事ではないかと、返答した訳だ。

そもそも人間の欲望は尽きる事が無い。これだけ払えば更に上、これだけ積めばもっと上となる事は必定で、欲には限りが無いのだ。上へ上へと昇るのは限界がある。君らもその対応に追われ、上を求めて限り無く、探訪し続けねばならん。

しかし奥へと奥へと入るのは、際限が無い。

奈良の社寺を訪《おとな》うて心洗われ、もっと深く更に奥へと望む人々には、決して助力は惜しまない。むしろそんな人をこそ、待ち望んでいるのであって、神や仏の世界とは、そんな世界ではなかろうかと思う。

私はいつも南都（奈良のこと）には、悲願があると思っている。その悲願とは、神や仏に最高の礼を尽くす時代に回帰するという事で、とりもなおさず神仏に最高の礼を尽くせる世の中とは、全ての人々が幸せを享受していなければ、叶うべくもないのである。そんな世界が到来する事を、南都は祈り続けているのだ。

こんな事件があって発した「上へ上へと行くよりも、奥の奥へと進みなさい」の一言は私の終生の目標だと思っている。

興福寺中金堂と有明の月（奈良市）

四十年間にわたって儀式に携わらせてもらった。

世間で儀式というと、「儀式的やなあ」などと、心のこもらぬ形式的な行為の代名詞のように用いられているが、決してそうでは無い。

大和を代表する神事に、十二月十七日の「春日若宮おん祭」がある。

この祭礼の大きな特徴の一つに、音楽で神を祭るという形態がある。神楽《かぐら》・田楽《でんがく》・細男《せいのう》・猿楽《さるがく》・和舞《やまとまい》・東遊《あずまあそび》・舞楽《ぶがく》と実に様々な音楽が神前で奉納される。全てが日本芸能史を語る上で、看過出来ない珠玉の古典芸能である。

就中《なかんずく》、「田楽」という芸は、十世紀にはその名が確認されて、田んぼのほとりで稲の豊穣を祈るために行われた踊りに端を発し、大陸渡来の曲芸である散楽《さんがく》の要素を含んだ猿楽の影響を受け、さらに猿楽と共に鎬《しのぎ》を削りつつ、「能」を大成させていったという大切な芸能なのである。

全国にはあらゆる形に発展を遂げていった田楽が伝承されているが、おん祭の田楽は世襲で伝承され、その歴史を繙《ひもと》くに相応しい古態《こたい》を存している。たとえば、「高足《こうそく》」という芸があるが、十文字に組んだ棒に片足を掛けて、袖を大きく上げる。これは元々曲芸の一種で、この棒の上に乗って飛び跳ねるという芸を儀式化したものである。

因《ちな》みにこの姿が、豆腐や茄子を串に刺して焼き、味噌をつけて食べる料理に似ていることから、これを「でんがく」と呼んだのである。

さてこの棒に足をかけて袖を翻《ひるがえ》すだけの簡素な芸を見て、「これだけか」という人がいる。しかしここで想いを深くすれば、もし曲芸の高足に拘《こだわ》っていたならば、熟練したプロにしか、この芸は伝承出来ず、いつしか歴史の波浪に呑み込まれ、その存在すら判らなくなってしまっていただろう。しかしこの芸を儀式化した事により、誰もがこれを行えて、かつての姿を後世に留める事が出来た。そしていつの日か、元に戻すことも可能となる。

つまり儀式には後世に伝えるメッセージが篭《こ》められているのだ。形に託して物や事、そして心や想いを未来へ伝えようとしたのが儀式である。

私の故郷の祭礼では、八つの村が集って氏神の祭典を行う。その為各村々で供物《くもつ》を献ずるが、神酒《みき》だけは八カ村で神前の瓶子《へいし》が一杯になるよう、銚子に入れて各村々より伝進《でんしん》する。つまり八つで一つなのだ。力を合わせよ、という事を毎年神の前で誓わされているのである。

春日大社、廻廊に雪が降りかかる
（奈良市）

土を拝む　心をはぐくむ存在

日本の祭礼は実に丁寧な仕組みになっている。

不完全な人間が、尊い神事を恙無《つつがな》く修するために、前もって神々の御加護を仰ぎ、且つ神事奉仕の許しを乞う「前儀《ぜんぎ》」。そうして本番の「本儀《ほんぎ》」を御奉仕し、「後儀《こうぎ》」では神事の無事斎行《さいこう》を感謝申し上げる。

春日大社の例祭「春日祭」は平安朝以来一千有余年、二月・十一月春冬二季の上《かみ》(初め)の申《さる》の日をもって祭日と定められ、宮中より天皇陛下の御名代《ごみょうだい》たる、「勅使《ちょくし》」を迎え古儀をもって執行される。明治以降は明治天皇の御治定《ごじじょう》にて、三月十三日を式日とする。

前儀では、辰《たつ》の日に一之鳥居に榊《さかき》を立て、巳《み》の日に春日山の神木(榊)を迎えて祓《はらえ》を修し、午《うま》の日に神官一同瑞垣《みずがき》内に参入して、神前より撤下《てっか》された御供《ごく》と共に社醸の「一宿酒《ひとよざけ》」を三献頂戴する。その作法は三献と別に、最初に一献を両手で捧げ、大地へと注ぐのである。

その故は、土の神・酒の神に感謝の祈りを捧げて酒を献ずるのだと古記にある。つまり無事にお供物を調《ととの》えて、本年も祭礼を執行できるのは、土の神様やお酒の神様の、お恵みあっての事であると、祭に先立ち、一献を土に奉るのである。

昔の人々は大地を尊び、土を拝んだ。それに比べて今日の我々はどうだろう。土は踏みつけることしかしない。加えて土をもて遊び、土を汚すことしかしていないのではなかろうか。奈良県の大和《おおやまと》神社は、日本の国魂《くにたま》（国土に宿る神霊）を祀《まつ》り、浪花《なにわ》の国魂は生國魂《いくたま》神社、武蔵の国魂は大国魂《おおくにたま》神社でお祀り申し上げている。お伊勢さんには、土宮《つちのみや》が坐《ましま》す。いずれにせよ我々の祖先は、土の神や国土の霊に、あつく感謝の心を捧げ続けて来たのである。

『易経《えききょう》』に土の徳は「直ニシテ、方ニシテ、大ナリ」（正直で、秩序があり、壮大である）とある。

土は正直だ。心を篭めて耕せば、必ず豊穣という報いをもって応えて下さる。心を病んだ人、挫《くじ》けた人は農業やら陶芸やら、土に触れれば快癒に至るという話を、何人もの人からうかがったことがある。

農業は、心を救うという大問題を解決してくれるかもしれない。

土を捨て、土を汚す現代人は、土にひれ伏さねばならん。私は毎年の正月、額を土に着け、つまりヌカヅイて土を拝ませて頂く事にしている。

雲海に浮かぶ御蓋山（奈良市）

お春日サンは遠く、常陸国《ひたちのくに》（茨城県）鹿島《かしま》の宮居《みやい》より、白鹿を召され、柿の木を鞭《むち》として、長い旅の末、大和国の御蓋山浮雲峰《みかさやまうきぐものみね》にお鎮《しず》まりになった。道中お休みになった場所には、色々な神話が伝えられている。

滋賀県草津市の立木《たちき》神社には、神の鞭から柿の木が芽生えたことから、立木という社名が生まれ、その木が化石となって遺っている。

最も詳細に神話が伝えられているのは、三重県名張《なばり》市夏見《なつみ》の積田《せきた》神社で、鹿島様がお座りになっていた「御座跡《ござあと》」、そのお姿を映された「鏡池」。通りかかった農夫の担う稲束の上に乗って川を渡られた「一之渡《いちのわたり》」。そして御本殿裏には柿の木の鞭を刺された「神柿《かみがき》」の巨樹が繁る。

お伊勢サンもそうだ。垂仁《すいにん》天皇の皇女、倭姫命《やまとひめのみこと》が、大御神《おおみかみ》の「御杖代《みつえしろ》」となって、倭《やまと》の笠縫邑《かさぬいむら》を出で立たれ、近江や美濃を廻って伊勢へと赴かれ、「是《こ》の神風《かむかぜ》の伊勢国《いせのくに》は、常世之《とこよの》浪重浪《なみのしきなみ》帰《よ》する国なり。傍国可怜国《かたくにのうましくに》なり。是の国に居《お》らんと欲《おも》う」と倭姫命に告げられたのだと『日本書紀』にある。

また伊勢国から持出すことを禁じた「禁河之書《きんがのしょ》」（宮川を渡すことを禁じたという）である神道五部書の一つ『倭姫命世記《せいき》』によると、三十有余年、各地に宮所《みやどころ》を探し求めて歩まれたことが記されている。大和から伊賀、淡海《おうみ》（近江）から美濃へ、更に尾張から伊勢を経て、再び美濃に入り、また伊勢へと赴かれ、「渡会五十鈴河上《わたらいのいすずのかわかみ》」に鎮まられたのだと詳しく記されている。「神サンでも、これだけ苦労して目的地に至られるのや。人間風情が、絶対楽して目標を達せられる筈は無い」と自分に言い聞かせている。

全国の神社には「御旅所《おたびしょ》」と呼ばれる場所があり、毎年神輿に乗られた神々が、所縁《ゆかり》ある場所や、氏子区域を巡られて御旅所へと至られ、また元のお社へと戻られる神事がまことに多い。

なぜ神々は、かくも旅をされるのであろうか。今の我々が思う快適な旅ではなく、かつての旅は命がけであった。しかし旅の空では身も心も解放され、新たな生き方に気付き、己を反省する絶好の機会ともなるのは、今も昔も同じことであろう。それは生まれ変わり、「御《み》生《あれ》」なのかもしれない。

神は旅をされる。つまり旅は「神事」なのである。

御蓋山と神鹿（奈良市）

乳房の報い

父母の恩を説く偽の経文

南都は神社と仏閣の仲が良い。僧侶が祭礼に来られるし、神主も法会に参列する。ある時、東大寺の正月の法会「修正会《しゅしょうえ》」に伺った。所は大仏殿である。漢字を連ねた経文ばかりでは意を解せぬから、法会の趣を述べる「教化《きょうけ》」というものがあって大和言葉で唱えられる。

その中に「百石《ももしゃく》ニ　八十石《やそしゃく》ソヘテ　給《たま》ヒテシ　乳房《ちぶさ》ノ報《むく》イ　今日《きょう》ゾ我《われ》ガスル　今《いま》ゾ我ガスル　今日セズバ　イツカハスベキ　年《とし》モ経《へ》ヌベシ　早夜《さよ》モ経ヌベシ」というくだりがある。あまりに美しい言葉に聞き惚れて、後日教えて頂いた。

他のお寺にもあるかと調べてみると、法隆寺の修正会でも少し文は異なるが「百石ニ　八十石副《そ》ヘテ　給ヒテシ　乳報《ちぶさのむく》イ　今日ゾスル　今日セズバ　何《いつ》カハスベキ　年モ経ヌベシ　サヨモ経ヌベシ　穴賢《あなかしこ》」と唱えられている。

そもそも「乳房の報い」とは、お母さんから頂いたお乳の御恩を、古人は「チブサノムクイ」なる美しい大和言葉をもって表現してくれたのである。もう一つ不明な事は「百石ニ八十石副ヘテ給ヒテシ」で、東大寺さんにお尋ねすると、「岡本サン。『父母恩重経《ぶもおんじゅうきょう》』読みなはれ」との御教示であった。

『父母恩重経』は偽経とされるもので、初唐の時代に中国で作られたお経らしい。しかし偽物でありながら、いまだに釈迦が説いたとして『仏説父母恩重経』と呼ばれるのは、その内容が真実であるからだとされている。

短いながら古くに日本へ将来されて、大切にされて来た経文だ。この中に「計《はか》ルニ人々、母ノ乳ヲ飲ムコト一百八十斛《こく》トナス」（母親から頂くお乳の量が百八十石に及ぶ）とある事から、百石にまだ八十石をも重ねて母親から頂戴したと表現するものである。つまり、天下国家の安泰そして万民の安楽を願って、今から仏前にて修正会を勤仕《ごんじ》させて頂くことは、取りも直さず、母親から百八十石にも及ぶお乳を頂いた乳房の報いに対する御恩返しをするためである（一石は百八十リットル）。

今しなければいつするのであろうか。かくするうちに年も重ねてしまう。かく言う中にも、はや夜が更けてきたではないか。という意味であろう。

「乳房の報い」に集約される父母への恩。子が親を殺し、親が子を殺す現代社会に「乳房の報い」という言葉が、警鐘となることを願っている。

東大寺大仏殿の屋根と、
金色に輝く鴟尾（奈良市）

紆余曲折

苦難を乗り越えることは尊い

歴史とは紆余曲折の連続だ。

ある焼物の窯元を訪ね歩いたら、どの窯元もずっと茶陶《ちゃとう》を造り続けていると主張されている。しかし詳しく話を承ると、戦争中は世間も茶陶どころでは無くなっているから、ある窯元は擂鉢《すりばち》やら、胡麻煎りを造り、ある窯元は土管を焼いて露命を繋いでいたのである。世の中が穏やかになると、困窮した時代のことは恥として口をつぐんでしまう。

しかしそれは恥なのだろうか。むしろどうして困難な時代を乗り越えたのかという事こそ誇りとするべきだと思う。

応仁の乱の後、皇室は困窮されて、日々のお食事に事欠かれたらしい。それを知って粽《ちまき》で有名な川端道喜《かわばたどうき》の御先祖が毎朝、餡子のお餅を御所へお届けしたという。これを「御朝物《おあさのもの》」と呼び、世の中が平穏になっても、苦しい時の事を忘れてはならないと、常に朝餉《あさげ》には御朝物を添えられたと聞いている。

奈良の談山《たんざん》神社は大織冠藤原鎌足《たいしょっかんふじわらのかまたり》公を祀るが、嘉吉祭《かきっさい》と呼ばれる祭礼には「百味御食《ひゃくみのおんじき》」と呼ぶ素晴らしい御供物が奉献される。就中「和稲《にぎしね》」と「荒稲《あらしね》」というお供えは、和稲は何千粒という生米を染めて積み上げるし、荒稲は籾がついた芒《のぎ》の長い古代米を糊で粘りつけていくという、手間隙のかかる見事な供物である。しかし和稲や荒稲という表現は古代にまでさかのぼる表現だから、明治維新の復古思想によって命名されたという可能性が高い。地名は別として、古代の表現がそのまま遺るとは信じ難い。明治維新を迎えて、中世以来変更した名称を元に戻した事例は沢山ある。そこで地元ではこの御供の事を、どう呼ばれているのかをお伺いしたところ、生米を盛る和稲は「米御供《こめごく》」といい、荒稲は「毛御供《けごく》」と呼んでおられた。これでこそ、この祭礼が永続されて来た証明であり、正に歴史の紆余曲折なのである。

こんなことに思い至ってから、中世から近世で用いられていた名称を調べてみたいと考えるようになった。例えば、春日大社では神様に朝夕奉るお食事を「日供《にっく》」といい、朝御飯を「朝御饌《あさみけ》」、夕を「夕御饌《ゆうみけ》」、十日毎に行う月次祭《つきなみさい》を「旬祭《しゅんさい》」と呼ぶが、幕末まではこれを「日並御供《ひなみのごく》」といい、「朝御供《あさごく》」と「夕御供《ゆうごく》」。月次祭は「旬之御供《しゅんのごく》」。この祭典で御供を神前に進める時と、お下げする時に演奏する雅楽を、「献饌楽《けんせんがく》」と「撤饌楽《てっせんがく》」というが、明治までは「参り楽《まいがく》」と「下り楽《おがく》」と呼ばれていた。

神職の勤務表も戦前までは「番表《ばんぴょう》」といわれていたが、これは幕末まで神職の出勤を「御番《ごばん》」と呼んでいたからだ。古い呼称から歴史の曲折が偲ばれるのである。

雪の談山神社、十三塔（桜井市）

禱《とう》醫《い》

神仏の、み心に叶う生活を送る

春日大社の神官が、どうして祖先を祀っていたのかを調べ上げて、『春日社家《しゃけ》における祖先祭祀の研究』という小論をしたためたことがある。

その際、代々の社家（高級神官家）の日記を繙くことを縁《よすが》としたが、その中に「禱醫効無く」という一文に心が動かされた。つまり「禱」とは神仏に心の限りに祈り、「醫」医術を尽くしたが、その詮《せん》なく身罷《みまか》ったとの意味である。

かつて大和の古い薬を探し歩いたことがあるが、西大寺の「豊心丹《ほうしんたん》」や吉野山の「陀羅尼《だらに》助《すけ》」といった名薬は、全て神仏由来の妙薬とされたから、諸々考えあわせてみると、医術というものは、先ず心を癒やし、心の平安を与えると共に、科学的施術が必要だということではあるまいかと思う。

医者が目前で首を傾《かし》げれば、ハッとして重病かと疑い、医者が大丈夫と言えば、ホッとする。

私など、ここへ行くと必ず血圧が上がるという病院がある。一度上がると、また高くならないかと、いらぬ心配をして必ずここでは高くなる。そんな事を考えると、病というものは心の持ち方次第で良くもなり、悪くもなるという一面があるのではなかろうかと、素人ながらも感じてしまうのである。

禱醫とはよく言った事で、祈りと医学が並行して行ってこそ、快癒も早まり医療も成就するのではなかろうか。まずは宗教に拘わらず心の平安や心の仕業が大きく左右されるのではないかと思う。人間、知らぬ方が幸せだという事もいっぱいあると、思えてならない。

ここで少々「祈り」ということを考えてみたい。そもそも「いのり」という言葉は「忌《い》み宣《の》る」ということ、忌みをしてから宣る。先ず忌むとは、精進潔斎をしてから言葉に出して申し上げる。精進とは諸々の制約である。

つまり、する事をしてから申し上げるという意味で、人事を尽くして天命を俟《ま》つことである。

祈りとは、努力もせず、神仏に頼るのみでそんな楽な事は無いと言った人がいた。

しかし神仏が動いて下さるという事は、その願意が邪《よこしま》な内容でなく、且つ日頃から人の目にふれぬ所でも悪事をなさず、神仏の心に叶う生活を送っていなければならないから、祈るという事は大変難しい事なのである。

とにもかくにも常日頃の言行こそが大切なのだ。

吉野の山桜（吉野郡吉野町）

方便とはなにか　本筋を違えぬ方法

方便や便法《べんほう》というものは、兎角亜流の仕儀と考えられてはいるが、実はそうでなく、本道を踏みはずさぬように、講じる手立てなのである。

私が知り得た事例として、こんなことがある。

春日大社は、神様のお鎮まりになっている御本殿の近くで工事が始まると、当然塵《ちり》や泥《ひじ》が御殿の周辺に飛来するから、事前に軒下の梁《はり》の所から、「雲形幕《うんぎょうまく》」と呼ぶ紫紺色の麻布を懸ける。これは雲を意味する幕で、これが懸けられると、御殿に雲がかかったと見なすのである。

因みに雲というと、白色ではなかろうかと思うのだが、鎌倉時代以来、春日では紺色の幕を雲形幕と呼び、白色を「大幕《おおまく》」と呼ぶ事になっている。つまり神仏の前に棚引《たなび》く雲は白雲に非ず、紫雲であるが故にかく言うのである。雲がかかると、チリやヒジは雲の外遠くの出来事なのだから、神様に対して失礼は及ばない。

ある時、こんな事件がおきた。御殿の上にある「千木《ちぎ》」の「御金物《おかなもの》」が落下したのである。

そもそも千木というものは、二十年間屋根の上にあって、風雨にさらされる運命にあるために、木口から雨が侵入して腐朽することを避けるよう、金物で木口を覆うのである。

この金物をお屋根に登って元の箇所に、打ち付けようものなら、尊い神様の頭を踏みつける事ともなり、とても出来よう筈もない。

この場合は、御仮殿を設け、そちらへ神様を一旦御動座申し上げて、工事をなし、終わって再び御本殿にお還りいただくのが本筋だが、とてもそんな大事を行う訳にも行かぬから、ここで神様に失礼でない方法を講じねばならない。こんな時の役に立つのは「先例」であってこれを「故実《こじつ》」と呼ぶのである。

その方法はこうだ。件《くだん》の雲形幕をお屋根の上に懸け、その上に立って所作をすれば、雲の上に立って、仕事をする訳だから、足で神様を踏みつける事にはならぬのだ。

正に妙智とはこの事で、現代の我々には、とても思いもつかぬ発想であろう。しかしよく考えてみると、決して本筋をはずした、かけ離れた行為でなく、神を敬うという根本に立脚して考えつかれた方途である事に気付かねばならない。

方便や便法とは決して本筋を損ない、未来へ伝える志をも違えるものであってはならないのである。

第三章

自分のふるさとを知り、愛する

「雅《みやび》」とは宮廷風のことで、優雅で品格があること。「鄙《ひなび》」とは田舎風のことで、簡素で質朴なこと。神事の中で体得出来たことだが、春日若宮の「おん祭り」では若宮本殿から神様が、御旅所の御仮殿《おかりでん》へと遷られて、その御前で数々の古典芸能を奉納し、神事が営まれる。御仮殿とはいいながら、大きさは御本殿とほぼ同じくらいである。

この時建てられる「行宮《あんぐう》」は全て赤松を用材とし、屋根は松葉で葺きあげられる。壁は荒《あら》壁《かべ》で、所々を白土で塗りかけた状態にしてある。お室礼《しつらい》は麻布の幌《とばり》、床は薦《こも》敷きという至って簡素なものへと変わる。

二十年に一度執行される、春日大社の御本殿のお建て替え、「式年造替《しきねんぞうたい》」の際も、神様は工事中に、御仮殿である「移殿《うつしどの》」へと移御《いぎょ》されるのであるが、この際のお室礼も、至って簡素で、御本殿は生糸で織り上げてから精練した「練絹《ねりぎぬ》」の幌であるのに対し、移殿は生糸のまま織った「生絹《きぎぬ》」の幌になるし、床も薦敷きとなる。

拝所の御簾《みす》も竹ひご製で縁《ふち》が絹のものから、細い丸竹で縁を麻にした「伊予簾《いよすだれ》」に改められる。近頃は海苔養殖の支柱に、竹ではなく化学製品が使われることが多く、伊予簾の竹も、もう手に入らなくなったと聞いている。

　これらの事例から、御仮殿では神様に「鄙」をお楽しみいただくという興趣になっていることがわかる。「雅」の空間から「鄙」の空間へ、そしてまた新しくなった「雅」の空間へとお戻りになる。まさに日本の文化は、雅と鄙が交錯し、且つ双方を重んじると共に、これを賞《め》でてきたのである。平安朝以来、春日の御社《みやしろ》では、この方式を伝承してきたのだ。

　宮廷女官の髪型である「おすべらかし」も、元は宮廷の官女が、町娘の「島田髷《しまだまげ》」にあこがれて、これが宮廷に入ったのだという話を聞いたことがある。

　こうした精神的風趣《ふうしゅ》の線上に、茶道の「侘《わ》び茶」も現出してくることとなる。田舎家の草葺の屋根の下、莇《すさ》入りの土壁の小部屋で、唐物《からもの》茶碗で茶を喫す。象牙の茶匙《ちゃさじ》が竹製となり、侘びた国焼《くにやき》も重んじられる。

　こんな素晴らしい価値観を持ち合わせた、日本の文化をしみじみと味わってもらいたいものである。京の雅を楽しんだ後は、大和の鄙を賞でるのも一興の旅となるのではなかろうか。

春日大社・千木と日輪（奈良市）

不浄の掟 忘れ去られていた敬意

熊野から吉野に至る修験の行を「奥駈《おくがけ》」といって、七十五靡《なびき》と呼ぶ行場を経て、目的地へと達する。

本山《ほんざん》派は三井寺《みいでら》・聖護院系の山伏で天台宗。当山《とうざん》派は南都修験と醍醐寺系の真言宗。本山《ほんざん》派は順峰《じゅんぶ》といって熊野から吉野へと峰入りし、当山派は逆峰《ぎゃくぶ》で吉野から熊野に至り、各々七十五カ所の行場で修行する。

私にとって何年も前から解決出来ぬ問題があった。それはこの聖地巡礼の際に、大小便の処理をどうするのかという事だ。生理現象は止め難い。聖地を守ることと、この人間の所業を、どう両立させるのか。金峯山寺の長﨟《ちょうろう》・田中利典《たなかりてん》師に伺うと、明治五年（一八七二）の修験道廃止令によって、わからなくなってしまったことが多すぎると嘆かれた。

そこで靡の一つ「笙窟《しょうのいわや》」を代々管理する、友人・岩本泉治《いわもとせんじ》君に尋ねてみると、お祖父さんから聞いた話では、行中に篝《かがり》を組んでおき、その上に大小便をして、下山の際この篝を焚き上げて不浄を滅したのだという。なかなか優れた処理方法ながら、行場を動かずに修行する時には良いが、奥駈のように行場を移動するには適さない。

容易に解決せぬ問題に諦めていた頃、吉野山の櫻本坊《さくらもとぼう》の住職・巽良仁《たつみりょうにん》師と御縁があって、この事をお伺いしたところ、先代住職より伝えられた掟は、靡のある尾根から、小便は一丁（約百九メートル）下って用を足し、大便は八丁下がるのだと聞いている由。

そこで思い出したのは、修験道唯一の門跡寺院である京都の聖護院門跡の宮城泰年猊下《みやぎたいねんげいか》が、「靡八丁斧入れずと言いますのや」とおっしゃっていた事で、尾根の左右八丁ずつは聖地であるが故に、木を伐ることは無いのだという話である。

現に修験の道に杉檜の植林はなく、古い林相が今も維持されている。かつてテレビ番組で、某村役場の職員が、この景観を「防火帯ですワ」と答えている姿を見て、情けなくなってしまった。その防火帯こそ、斧を入れる事なく守られてきた聖地である。

子どもの頃、そこやかしこで小便してはならん。どうしても山野でせざるをえぬ場合は、土に枝で輪を描いて中に入り、「ミミズもカエルも御免」と唱える様に教えられたもので、これとてもどこにあるやも知れぬ、聖なる場所に対する敬意に外《ほか》ならないのである。

ナメゴ谷周辺では、奥駈のルートである
尾根筋だけに広葉樹林が残されている
（吉野郡上北山村）

岳《だけ》のぼり

日本人はなぜ山に登るのか

私の故郷では、「岳のぼり」といって毎年四月に入ると各在所《ざいしょ》で定められた霊山・霊地に登拝する。各家こぞって重箱に寿司や煮〆《にしめ》を詰めこんで一日遊山を楽しむのだ。

小学六年生頃の思い出である。山上での祭も終えて一同がソロソロと山を降りはじめた。私の前には齢《よわい》八十歳に垂《なんな》んとする、清兵衛はんが杖を頼りにヨタヨタと歩いていた。羽織を着て黒足袋に桐下駄、着物は尻からげだ。そのとき下から重装備の登山家の一隊が、威儀を正して登ってきた。ここは山頂を少し降りた場所、深山幽谷である。すれ違いざま老人の姿を見た一隊の驚愕した顔つきは、今でも忘れられない。

昔の人はずいぶん軽装で山に登ったものだ。着物にしかも下駄履きの老人がいとも簡単に深山から下って来るのである。今考えても笑いが止まらない。この〝さりげなさ〟が心地良い。

軽装の登山と言えば、数多《あまた》の霊山を抖擻《とそう》する山伏の衣体《えたい》は素晴らしい。頭には「兜巾《ときん》」をいただく。昔は「露頂《ろちょう》」と言って頭をあらわにする事は失礼とされていた。これは極小の被り物で且つ、頭を防御し水を飲む際も利用出来る。

着る物は「鈴懸《すずかけ》」と呼ぶ柿色の「直垂《ひたたれ》」だ。元来直垂は野良着だったといわれるが、武家の礼装に発展したものだ。簡素に見えても霊地・霊山には冠物をつけ、礼装にて入っていくのだ。つまり洋装でいえばモーニングやイヴニングを着用して山に入っているのと同じことになる。

霊地・霊山に入るには礼儀があって然るべしで、事もなげに人間が入るべきではないと思う。春日大社の廻廊は地形に合わせて建てられている。その為に連子《れんじ》窓は菱形であり、屋根の反《そ》りを崩さぬため、垂木《たるき》を一本ずつ、まるでネジリ飴の如く、傾斜に合わせて捻《ひね》り出してある箇所まである。

何故にかくも苦労を重ねたのかを考えてみなければなるまい。普通は家を建てるときには、家に合わせて地面を削る。つまり整地をしてから建てる。しかし霊地・霊山は神の坐す所であるからして、人間風情が濫《みだ》りに掘ったり穿《うが》ったりするべきではないのだ。故に春日大社の廻廊には、人が神の領分を侵してはならぬというメッセージが込められている。

今の人は自分を鍛えるためにトレーニングに励む。しかし山伏は天下国家・万民の幸せを祈って崖を登り、尾根を走る。自利より利他を選ぶのだ。

村の春（宇陀郡曽爾村）

竈の飯　みんな知っていたはずのこと

春日大社の式年造替の際、神様が御本殿と御仮殿である「移殿」の間を往来される。その時お通りになる「筵道《えんどう》」と呼ぶ道筋には藁薦《わらごも》が敷き詰められる。我々神職は筵道の上を足袋《たび》跣《はだし》でお供申しあげるのだが、実に総丈は百間《けん》（約百八十メートル）にも及ぶ。幅三尺、長さ六尺に編んだ藁薦が最低百枚は必要となる。

これは春日・興福寺の旧領地三十七ヶ村の人々が、まず藁を採るところから始めて下さる。コンバインで収穫すると藁の丈が短くなるため、全て手刈りをして、天日に干す。それも穂がついたまま干さないと藁がまっすぐにならないから、昔通りのやり方で干す。

但し雨がかかると変色するので天気予報を見ながら、雨が降りそうになると納屋に取り込み、晴れると表へ干しに行く。

編み方は俵を編むのと同様で「オッチョコチョイ」と呼ぶおもりを、こっちへやったりあっちへやったりして編み上げる。因みにおもりをオッチョコチョイと呼ぶのは、アチコチとウロウロするからだそうだ。

さてこの俵を編む技もかつては知らぬ人がない、知っていて当り前の技であったが、よく考えてみると、希少な技は人々の注目も集まり遺そうという気持が強い。しかし誰でも知っている技は、途絶えるという危機感が無いが故に、いつしか消えてしまうだろう。二十年先の事をおもんぱかって映像で記録しておいた。

十二月十七日に行われる、大和きっての大祭「春日若宮おん祭」において、千人にも及ぶ奉仕者への食事は、今も大きな竈《かま》で煮炊きをする。これが頗《すこぶ》る美味いのだ。ところが二十年程前から、「おクドさん」で御飯を炊ける御婦人がいなくなってきたというのである。慌てて四方八方に手を尽くし、やっと竈でご飯が炊ける御婦人方をお願いした。かつては誰もが出来たこと、それが今では絶滅寸前になっているのだ。

これだけ科学技術と研究が進んでも、どの炊飯器メーカーも目指すのは飯が最も美味くなる「竈炊きご飯」である。

大和では山林に近い村々は当然薪で飯炊きをするが、大和平野の中心部ともなると山林と距離があるため、藁を輪にして飯を炊く。火力が乏しいものの、この飯が美味いのだという人もいる。今、私は双方の炊き方を是非習っておいて欲しいと、皆さんにお願いしてまわっている。

一番伝承が難しいのは、みんなが知っていることなのである。

田植え（生駒郡安堵町）

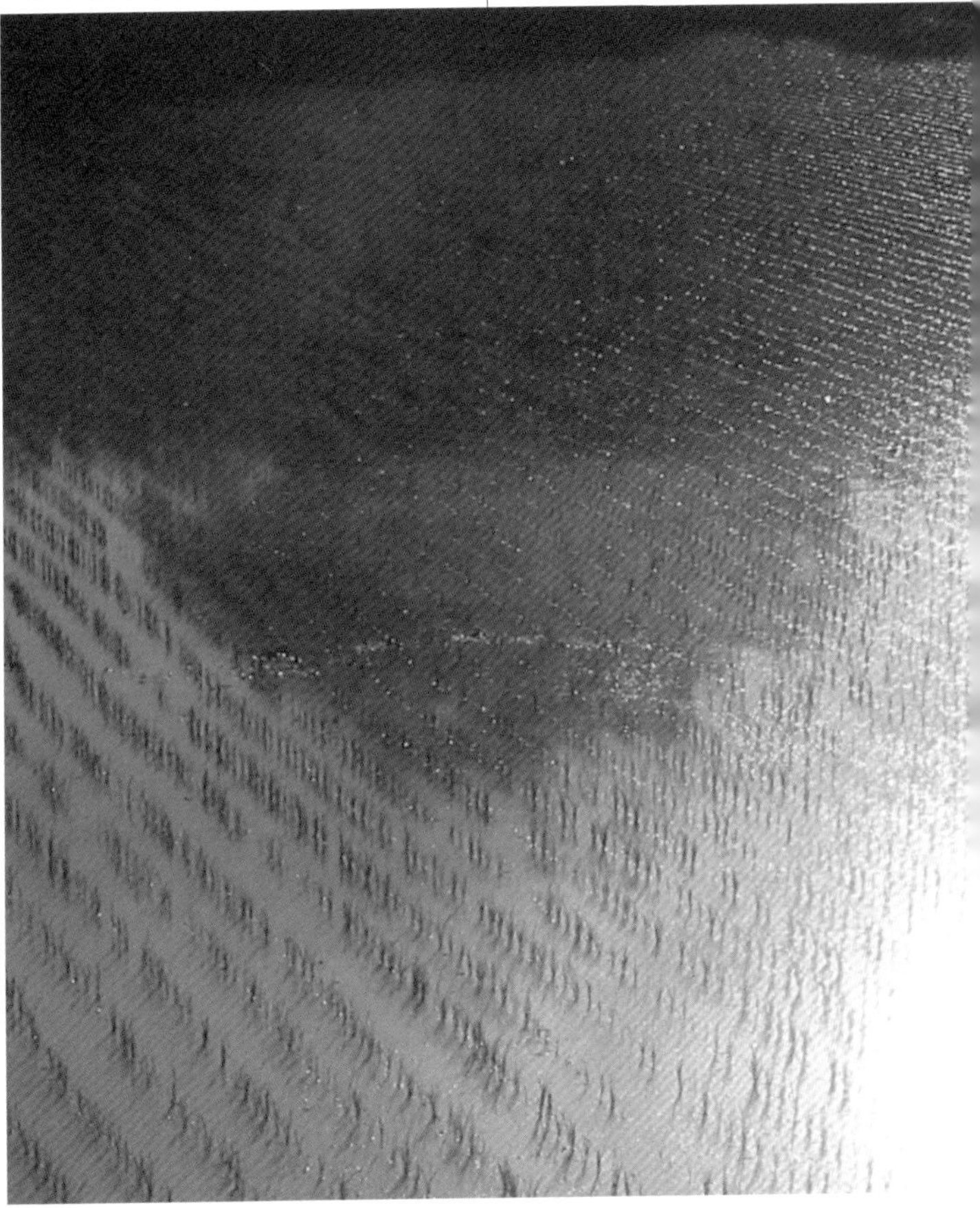

入鹿の首　いつまでも忘れない心

子どもの頃、頭の神サンやからと、高見山《たかみやま》（大和の台高山脈の北端）を拝んだ。土地の人は高見サンと敬称で呼ぶ。何故頭の神サンかというと、蘇我入鹿《そがのいるか》の首が飛んで来た所だと伝えられているからだ。

ＮＨＫ奈良放送局で毎月一回六分のテレビ番組「岡本教授の大和まだある記」で取り上げてみた。

そもそも入鹿は乙巳《いっし》の変（六四五）において、その専横ぶりから中大兄皇子と中臣鎌足らによって誅せられた。いわゆる大化の改新の発端である。『日本書紀』皇極《こうぎょく》紀には頭肩《かた》を傷《やぶ》り割《さ》いたとあるが、『多武峯縁起絵巻《とうのみねえんぎえまき》』には首が高く跳ね上がっている絵が描いてあるためか、地元大和では入鹿の首は飛んで各地に落ちたという伝承がある。

入鹿が襲われた飛鳥板蓋宮《あすかのいたぶきのみや》から、少し離れた飛鳥寺の西門前に、入鹿首塚として五輪塔が存在する。その背面は甘樫《あまかし》の丘で、この辺に父蝦夷《えみし》や入鹿の邸宅があったという。

入鹿の首に追われた鎌足は、多武峯をさして逃げ出し、現明日香村上《かむら》に至り、岩に腰かけて、「もう来んやろ」と言ったのが「茂古《もうこん》の森」のいわれで、今も腰掛岩がある。首は更に追いかけて多武峯に落ちて大地を荒らしたと伝えられる。

入鹿の本貫地は現橿原市曽我町《かしはらしそがちょう》。その隣が入鹿の母の里という小綱町《しょうこうちょう》で、今も入鹿神社がある。明治の頃、逆賊入鹿を祀るはよろしからずと、社名変更をせまられたが、住民は頑として従わなかったらしい。かつてこの村では、多武峯に行っても鎌足を祀る談山神社に参詣すると、腹痛をおこすと伝え、鶏鳴を合図に殺された入鹿をおもんばかって、鶏は一切飼わず、鎌足の母の里である明日香村小原《おおはら》とは通婚もしなかった。

隣村曽我も同様で、首は曽我の入口の橋に落ちたと伝え、この橋（今は暗渠）を「首落《くびおち》橋《ばし》」または「オッタヤ橋」といい袂《たもと》の家を「オッタヤはん」と呼ぶ。

そうして首はついに霊峰高見山へと飛び去ったという。今もこの山では「鎌足公」と呼ぶことを忌み、鎌を山中に入れず、多武峯より高くするため、石を持って登る風習がある。

山を越した三重県、旧飯南《いいなん》郡波瀬《はぜ》村舟戸《ふなと》（現松阪市）には、立派な五輪塔の入鹿首塚があり、ここでは入鹿の首を妻と娘が持って逃げ来り、塔の上方に能化庵《のうげあん》を建て、尼となって入鹿の菩提を弔ったと伝え、近くに草鹿野《そがの》という地名もある。日本人は今も入鹿を悲しみ、その信仰を伝える。これが日本の心であろう。

飛鳥寺の西にある五輪塔は
入鹿の首塚と言われている
（高市郡明日香村）

歴史の行間　心の営みを読む

似顔絵には善意の似顔絵と、悪意の似顔絵がある。その人の短所を誇張する絵と、その人の長所を拡大させる手法なのだが、前者がはるかに描きやすい。

歴史の読み解き方も、そうなのだと思う。悪意の解釈と、善意の解釈。即物的に考えればどうしても悪意と疑心に流れやすい。

人に「情」という、良きにつけても悪しきにつけても厄介な存在が無ければ、それでも良かろうが、情なる心の〝ヒダ〟が存在する以上、唯物的な解釈では、解き明かせない部分が当然生まれてくるのだ。

春日若宮祭では、平安末に創祀以来、流鏑馬《やぶさめ》が神事として執行されるが、これは弓馬に調練を経た武士でなければ勤仕出来ないから、大和武士六党（大和にかつて存在した六つの武士団）が担当する。いつの頃かこの流鏑馬は「稚児《ちご》流鏑馬」つまり子どもが行うようになったのだが、とある歴史家に言わせれば、成人が行うと、争乱を生ずる恐れがある故に、子ども同士が行うようになったのであろうと片付ける。これはまことに即物的な解釈である。日本古来の信仰の経緯を勘案すれば、神事において稚児が重用されるのは、邪心邪念の無い少年・少女が神事に適するからであって、争乱のみを理由とするべきではないのだ。つまり〝心の営み〟から起因することを忘れてはならないのである。

柳澤吉保《やなぎさわよしやす》の嗣《し》・吉里《よしさと》は吉保没後、転封を余儀なくされ、甲府から大和の郡山に移封されて幕末に至った。その膨大な記録は郡山城址にある柳澤文庫で保管研究がなされている。

柳澤文庫の顧問に故・堀井寿郎《ほりいじゅろう》先生がおられた。不世出の江戸学者で、その精緻な研究は、他の追従を許すものでは無かった。先生が精根をこめて研究されていたのは、郡山藩二代藩主伊信《これのぶ》侯の日記で、殊に興味深いのは、現役を辞し、つまり「致仕《ちし》」されて、柳澤家の下屋敷、江戸駒込の六義園《りくぎえん》に愛妾お隆《りゅう》さんと暮らし始めてからの記録『宴遊日記』である。

ある時先生はこう話された。

「岡本サン。辞めた腰元がナァ。子ども連れてお殿サンとこへ挨拶に来マンネン。ホンナラお殿サンな、子どもに飴やらはりマンネン。そのあとナァ。腰元が子どもの手ェひいて、六義園の横の坂、降りて行く姿、思い浮かべたら。タマリマヘンナァー」

それ以来私は、歴史家が、どうなじろうと、歴史の行間にある人の心を読まなければ、活きた歴史を知ることは出来ないと考えている。

平城宮跡の日の出（奈良市）

瀞《どろ》八《はっ》丁《ちょう》に学ぶ

自然は人生の手本

日本でも有数の多雨地帯である、台高山脈《だいこう》（奈良県吉野郡の高見山から大台ヶ原に至る山系）の水を集めて流れる川が三本あって、一つは北山川。下って十津川となり和歌山の熊野川となる。もう一つは大杉谷より出て伊勢の宮川となる川筋。更にもう一つは吉野川で、末は紀ノ川となる。三本もの一級河川に水を配っているのだ。

「瀞八丁」という名勝は北山川にあって、和歌山県新宮市の志古《しこ》から、観光用のジェット船が運航している。

「瀞《とろ》」とは、川の大層深みが続く場所で、水面は鏡の如く風景を映し、波すら立たぬ所をいう。因みに瀞峡には水深二十五メートルにも及ぶ箇所がある。

北山川を志古から遡上すると、先ず「下瀞《しもどろ》」に至り、世に「瀞八丁」と呼び奇岩名勝が八丁（約一キロ）続いて川が大きく蛇行する。ここがかつての筏《いかだ》下りの木材集積地、三重・和歌山・奈良三県境で、瀞ホテルなる建物が存在する。山峡を下りてきた小さい筏をここで大きく組み直し、筏師も休息したり宿泊するので、歓楽地の様相を呈していた。

それより上が奈良県吉野郡十津川村となり、上流の八丁を「上瀞《かみどろ》」と呼ぶ。古来霊峰玉置《たまき》山《やま》は、七十五靡の重要な霊場で、一〇七七メートルの高嶺に玉置神社を祀り、境内には樹齢三千年を数える杉が聳え立つ。熊野三山の奥宮と崇められ、〝玉置さん〟とも親しまれている。

上瀞は「玉置さんの御手洗《みたらし》」と称されている。瀞峡の川舟の船頭・東福万《ひがしふくかず》さんに聞くと、舟で参詣する人が、ここで体を清めたのだというが、玉置の神様のお遊びになる御手洗であったようだ。

更に上瀞を遡上すると、「奥瀞《おくどろ》」へと至り、ここからは急に波の立つ急流へと変わる。その境目は川波の立ち様で一目瞭然だ。その奥は七里（約二十八キロ）だが、三つのダムが分断し、海より登り来る魚は、上瀞までしか泳いでこないのだという。

『古今和歌集』に三十六歌仙の一人、素性《そせい》法師の歌がある。

底ひなき　淵やは騒ぐ　山川の　浅き瀬にこそ　あだ波は立て

心の深い人は冷静沈着に物事を処するが、心の浅い人は少しの事件で騒ぎ立てるものだ、という歌だ。

自然は人生のお手本だといわれている。まさに淵と瀬でこれ程、水の騒ぎがおこるものかと、つくづく瀞峡で学ばせてもらった。

玉置神社（吉野郡十津川村）

芝止《しばど》め

大和言葉の美しさと品格

南都の基幹産業は麻織物であった。麻織物は織りあがると亜麻色を呈し、これを「生平《きびら》」と呼ぶ。これを木灰（クヌギ灰）と水を用いて晒し、真白に仕上げる技術を開発したのが、南都の清須美源四郎《きよすみげんしろう》という人であった。

灰と布を臼で搗《つ》き、川で洗って芝の上で干し、水をかける。この布を世に「奈良晒《ならざらし》」といい、徳川将軍家が、功ある大名に三つ葉葵の紋が入った着物を贈る。いわゆる「御時服《おじふく》頂戴《ちょうだい》」で、夏服は奈良晒を最上としたのである。

数多の職人の手を経て製作されるのだが、労使の賃金交渉が決裂して、仕事を止めることを「芝止め」といった。つまりストライキの事だ。

昔の人の使う言葉は美しい。調べというものがある。

かつて東吉野村の親戚の老人の車に同乗して走っている時、目の前に大径木《たいけいぼく》を積んで苦しそうに路を行くトラックに遭遇した。それを見た老人が、「おおう、ハチマキオトシやのう」と言ったので、すかさず「おっちゃん、ハチマキオトシて何や」と問うてみると、「大《おっ》きな樹《きい》をなあ、下から見上げたら、あんまり大きいさかいに、頭に巻いてる鉢巻き落とすやろう。

大きい樹の事、ハチマキオトシ言うねん」。なんとも素晴らしい表現だ。

霞を食べて生きるという仙人に準《なぞら》えて、出羽三山では山伏の檀那場《だんなば》を「霞場《かすみば》」と呼ぶ。春日大社では、生魚を「重物《おもの》」といい、干物を「軽物《かるもの》」と呼んでいた。それから河豚《ふぐ》に「トオトウミ」という部位がある。どうも身皮（三河）の隣だから遠江と呼ぶらしい。美しくて洒落た言葉を探してみるのは実に楽しいものである。

修験の山、吉野の山上ヶ岳にある大峯山寺に登る行者の宿場である、天川《てんかわ》村の洞川《どろがわ》では、宿泊客を山の行場へ案内して行の補助をする人を、宿泊した宿から出すのだが、この役を「山番頭《やまばんとう》」と呼ぶ。また閉山した後に、宿の主人が宿泊客の講元の家々に挨拶廻りをする。これを「国参り《くにまい》」という。

木綿の反物を「太物《ふともの》」といったり、羊羹などを「棹物《さおもの》」と表現する。芝居の世界では、男女情交の場を「濡れ場《ぬば》」と称した。

なんと素晴らしい表現であろう。こんな美しい言葉を操った我々の祖先には誇りさえ感ずる。

しかし今はどうだろう。「キモイ」「ムズイ」など調べも品格も無い言葉が横行する。日本語は「調べ」を大切にしたいものである。

佐保川は県内有数の桜の名所
（奈良市）

蚊帳《かや》　奈良の名産は穏やかさの象徴

大和の江戸初期の産物は、北は「奈良晒」、南は「大和木綿」であった。元文五年（一七四〇）におきた「御所流れ《ごせながれ》」という大洪水で、災害を受けた、御所町（現御所市中心部）を復興するため、浅田松堂《あさだしょうどう》が案出したのが、木綿を用いた「大和絣《かすり》」だ。何でも苦悩が無いと前進しない。

同様に、社寺の都・奈良を、明治維新の衰滅から救ったのは、奈良晒を用いた蚊帳であった。

ある時、近鉄西大寺駅から電車で奈良に向かう途次、目の前に広がる平城宮跡を眺めていると、養蜂の箱ぐらいの大きさの蚊帳が、宮跡に夥《おびただ》しく点在しているではないか。

折しも、奈良市が共催する「平城遷都祭」という催しが、この場で開催されている時期でもあったから、ほぼ了解はついたものの、何故蚊帳が沢山並べられているのか、意味がわからない。

そこで早速、実行委員長を務める女性に連絡して、その趣意を確かめてみた。すると、著名な芸術家の指示で並べているが、その理由は彼女も知らされていないという。

大切な税金を費やして催す行事であるからには、市民に益するもの、もしくは世の中が良くなるためのメッセージが無いと辻褄が合わんと考えた私は、すぐ委員長に来てもらってこんな話をした。

「奈良は蚊帳の産地である事は、解るけど、なんで今頃平城宮祉に蚊帳を並べるかという訳が問題や。今から五十年も前の我々が子どもの時はナア、冷房も無いサカイ、団扇《うちわ》か扇風機や。どの家も夜は蚊帳吊って寝とったンや。

蚊帳を吊るという事は、夜中も戸は開けっ放しや。せやないと風も通らン。それでも滅多に犯罪は無かったんや。今時《いまどき》そんなことしてみイ。どんなメにあうかわからんやろ。それだけ昔は平和やったんや。蚊帳を吊って休めるという事は、世の中に何の犯罪もおきン、穏やかな時代やないと、出来ンことや。そんな世の中に戻さないかン。蚊帳という事はそういう事や」と伝えた。

これを聞いていた実行委員長のまなざしが輝いた。早速彼女は、この趣旨を印刷したビラを作って配布したと聞いた。

省エネの時代、堂々と蚊帳を吊って寝られるような穏やかな時代に戻したいものである。

素麺探ボ

美味いものをつくるためには

大和が誇る食材に三輪素麺がある。

子どもの頃から随分と心得をたたきこまれてきた。まず素麺は「ヒネ」に限る。素麺はかつて極寒仕上げで、一度梅雨を越すとヒネ素麺といい、ウマミとコシが出る。三度梅雨を越すと、「オオヒネ」と呼んで尚更《なおさら》良い。

次に素麺を茹であげたり冷やす際、絶対手を突っ込んで麺に触れてはならん。手の脂がつけばその味を損するという。それ程素麺という食材は繊細で微妙なものであると云々。

春日大社に奉職して、宿直の夜夕餉の支度に素麺を茹でている時、後ろの方から「おーい、岡本！　何しとんネン」という上司の叱責の声。振り返ると、そこに立っていたのは、三輪素麺の本場に鎮座する、大神神社に昌泰元年（八九八）以来千有余年お仕えしている、神主家（社家）の故・越義則《こしよしのり》氏であった。

「そんな事してたらアカン！　茹でた素麺は手でもみ洗いセエ！」

「越さん、私小さい時から、素麺は手を入れんなと、家で言われてますけど」

「それは昔の素麺や！　今は油引きしたるから、洗濯するみたいに手でゴシゴシ洗え！」と言うなり、私の手から素麺を入れた笊《ざる》を取り上げて、手でゴシゴシと洗い始めた。仕上がりを食すると美味い。

私の目から一枚鱗がはがれ落ちた。

次に大学時代の寮の後輩が春日大社に奉職した。彼の家は三輪の隣の芝という所で、素麺を寝かせてヒネにするための土蔵を素麺屋に貸していた。彼に「素麺はヒネに限るナァ」と話したところ、即座に「新素麺も美味いんですワ」と言う。

「そんなことあるかい！」と思ったが、試してみたくなり、今年作ったという新素麺を一箱買って来てもらうことにした。早速食べてみると誠に美味い。後日素麺屋の主人に聞いてみると、どうやら旨味成分がそれぞれ異なっていて、それぞれに独自の旨味があるという。これでまた目から一枚鱗がはがれ落ちた。

元来素麺は農家の副業として、農閑期に製造され、「極寒手延」と称して三輪山から吹きおろす寒風に晒す事によって、素晴らしい素麺が出来上がった。

ある時、件の越さんにどこの家の素麺が美味いか尋ねてみたことがある。「美味い素麺造る家はナァ、先ず玄関あけたら、履物がキレイに並んどる家や。それからナァ、夫婦仲のエエ家や」と、何にせよ内が整わざれば良い物は産み出されてこないのである。

春日野の虫

大和名物、数々あれど……

その土地の古い産物を調べようとすると、『武鑑《ぶかん》』が便利である。

武鑑とは徳川幕府や大名の、会社四季報のようなもので、系図や石高を始め諸々の情報が満載だ。江戸城の周辺は節供《せっく》などの総登城の際には、「武鑑売り」が出たそうで、この本に記された、紋所や槍の形や足軽の羽織の模様を見て、何様の行列だとか言いあって観衆が楽しんでいたようである。

産物については、各大名が時節折々に領国の特産品を、将軍に献上する、所謂《いわゆる》「時献上《ときけんじょう》」があって、定めに従い大名が献進するのだが、明治になって旧幕時代の聞き採りをした際に、時献上で重宝した物と、迷惑した品の一覧表を見たことがあるから、役に立つ品ばかりでは無かった様だ。

我が大和の大名では、十五万石の大和郡山藩柳澤家より、正月三日に「蓬莱《ほうらい》の盃台《さかずきだい》」二月は「南都酒《なんとのさけ》」四月「吉野榧《よしののかや》」六月「索麺《そうめん》」(三輪素麺)七月「吉野葛《よしのくず》」八月「粕漬鮎《かすづけのあゆ》」九月「大和柿《やまとがき》」十二月「南都酒新酒《しんさけ》みぞれ」とある。

大和柿は献上の道中に熟柿《じゅくし》となり、献上出来ぬ年が続いたらしく、老中よりお叱りがあった。その後郡山藩は大量の柿を集め、江戸送りをしたという記録があるらしい。酒も大和の特産品で江戸初期の将軍家の晩酌である「御膳酒《ごぜんしゅ》」は南都の酒、奈良酒であった。

では京都の御所への献上品はというと、春日社の場合、社家の富田家の記録によれば、「正五九《しょうごく》」と称して、正月・五月・九月に御祈禱の御礼を献上しに行くが、その際御礼に添える献上品は、正月は南都の酒、「諸白《もろはく》」という麹米と蒸米双方を精白して仕込んだ酒を小樽に入れて献上する。五月は南都の「油煙墨」である。ご存じの如く奈良は墨・筆の産地であり、殊に微粒の油煙を以て製する油煙墨は垂涎の品であった。九月は「春日野虫《かすがののむし》」。つまり春日野に集《すだ》く松虫と鈴虫であった。

江戸時代のことゆえ京にも沢山の松虫や鈴虫がいるのだが、「春日野の松虫・鈴虫」でないと「名物」とされなかったのである。日本では何を以て名物と認定するかというと、和歌に詠まれた物や所でないと、名物や名所とはなり得ないのだ。

昭和四十年代まで奈良県庁より虫籠に入れて御所に献上していたようだが、農薬の影響で出来なくなってしまった。昨今地域興しが盛んだが、古い文献が役に立つ。つまり原点に戻ると、見えてくるモノが沢山あるのだ。

餅談義　モチャック者の仕事ぶり

『山城国風土記』の逸文《いつぶん》（他の文章に引かれて一部分遺っているもの）によれば、富に奢《おご》った秦伊呂具《はたのいろぐ》が餅を的にして、矢を射たところ、神の怒りに触れ、餅の的は白い鳥に変じて、山の峰へと飛び去った。これを見て家の衰亡を悟った伊呂具は、己が過ちを深く悔いて山へ分け入ったところ、「伊祢奈利生《いねなりお》ひき」つまり稲が生えていたのである。この「イネナリ」が「イナリ」、お稲荷さんの語源である。そしてこの山が京都伏見の深草にある稲荷山で、明治まで代々秦氏がお仕えした稲の神、伏見稲荷大社である。

とにもかくにも米を搗《つ》きあげた餅は、神仏の供物の中でも最も大切な物の一つで、春日大社でも輪取餅《わとりもち》や花餅《はなもち》や稚児餅《ちごのもち》といった餅が伝えられているし、東大寺のお水取りでは五合取の壇供餅《だんくもち》が一千面も献じられる。中でも有名なのは唐招提寺の修正会《しゅしょうえ》の結願《けちがん》に行われる、「餅談義《もちだんぎ》」であろう。

一月三日の夜、修正会に大餅《だいびょう》・小餅《しょうびょう》・円鏡《えんきょう》といった餅を献じた人の名を読み上げ、餅の徳を称える「餅讃嘆《もちさんだん》」が唱えられる。古い写本は天正八年（一五八〇）と聞いたことがあるが、実に四十七にも及ぶ餅の名が上げられている。

護摩餅《ごまもち》・鏡餅《かがみもち》・花餅《はなもち》・牡丹餅《ぼたんもち》・萩《はぎ》の花餅《はなもち》・雪餅《ゆきもち》・あられ餅・氷餅《こおりもち》・奈良原餅《ならばらもち》・壽子餅《すしもち》・粟餅《あわもち》・取付《とりつ》き餅《もち》・藤《ふじ》の花餅《はなもち》・おおち餅・姥《うば》が餅《もち》・柏餅《かしわもち》・蘇芳餅《すおうもち》・つこう餅・朝日餅《あさひもち》・ねじ餅・小豆餅《あずきもち》・きく餅・具足餅《ぐそくもち》・小麦餅《こむぎもち》・かぶり餅・砂糖餅《さとうもち》・堂角餅《どうかくもち》・切子餅《きりこもち》・座禅餅《ざぜんもち》・醒《さめ》が井餅《いもち》・消《け》し餅《もち》・戒《かい》の餅《もち》・葛餅《くずもち》・胡桃餅《くるみもち》・西堂餅《さいどうもち》・蓬餅《よもぎもち》・汁子餅《しるこもち》・あたたけ餅・伊勢餅《いせもち》・ござれ餅・やり餅・いく餅・菱餅《ひしもち》・網笠餅《あみがさもち》・蓑笠餅《みのかさもち》・麦手餅《むぎてもち》・干餅《ほしもち》（以上唐招提寺刊『唐招提寺　餅談義』より）。よくもまあこれだけの餅があったものだと感心する。

大和では「餅搗く者《もん》に、餅つかず。モチャック者《もん》に餅がつく」という。つまり餅搗きの手返しの際モタモタする者には餅がへばりつき、上手く餅を扱う人に餅がつくことは無いということだ。

美味い天婦羅屋で、料理人の手元を見ていると、天婦羅を揚げつつ、まわりの片付けも済ませており、全ての料理が仕上がった頃には、キレイに仕末がついていて、さすがだと感じ入った体験がある。

書道もそうだ。下手なうちは手が墨だらけになる。上手になると汚すこともない。

つまり良い仕事は美しいのである。

第四章
人の話を我が事として考える

海苔の顔

自分を醸成させること

ＪＴの子会社の社長を退職した、蒲地《かまち》光《ひかる》氏は、お互い六十歳を超えてから知りあった友人で、いつも「六十を過ぎてから出来た友は大切にしたいなあ」と話し合っている。彼は薩摩出身で古武士の風格ある男である。

この人は職人や、一途に生きている人、利欲に動かず真理を追求する人が好きで、何年も前からそんな人物を探し出し、自ら面会して取材、文章にまとめて出版した。本の名は『粋《すい》人記《じんき》』という。もちろん人生を捧げた煙草事業にかけて「吸い人」の意を含む。装丁も凝ったもので和本仕立て、その綴じ方も消えかけているから、岐阜の有文堂という製本屋に送って様々な和綴じ本に仕上げている。全六巻は非売品で志ある方々に贈呈したと聞いている。たまたま私の知人に、蒲地さんから本をもらった人がいて、その人から、この本を見せてもらったのがきっかけで、蒲地さんを知るところとなり、私から乞うて、お目にかかった次第である。

もちろん『粋人記』は全冊頂戴したが、各冊三百部程度しか作られていないので、某雑誌に連載を依頼した。

その第一回に登場された、神戸栄一郎《かんべえいいちろう》翁は当時八十七歳で、若年より海苔の販売を家業とされていたが、ある時フト銭儲けより大事な事を思いつかれたという。それは本当にウマイ最上級の海苔を人々に賞味してもらいたいという念願であった。

翁はそれぞれの季節で、全国のどこの海苔が一番おいしいのかを熟知され、産地に自ら赴《おもむ》いて、海苔の中でも最上級の海苔のみを手に入れ、一枚ずつ焼海苔にされた。その際翁は一枚ずつ海苔を眺めて、焼き方を変えられたのだという。「海苔には一枚一枚、顔がある」と語られたそうだ。翁の弟子はというと、娘さんが手伝っておられたのみで、「これだけは伝えようがない」と話しておられたらしい。

まさに海苔一筋に生き抜いてこられた姿は〝潔い〟以外の何物でも無かったと蒲地さんより聞かされている。一度その海苔を頂戴したことがあるが、正に絶品で、生まれてこの方、あんな美味しい海苔は口にしたことがなかった。

翁の口癖は、「海苔と人間は醸成が肝心や」という言葉であったという。良い本を読んでも、話を聞いても、それを自分のものとして、更に醸成させていかねば、より大きな人物にはなれないのだと思う。

翁は九十三歳で身罷られた。

職人の矜持《ほこり》 技と良心を大事にする

春日大塗師職預《かすがおおぬししょくあずかり》・樽井禧酔《たるいきすい》氏は、奈良漆器の名匠で、私とは四十年来の付き合いだ。酒が好きなので、その号禧酔は私が贈った。

そもそも奈良漆器は、正倉院以来の「平脱《へいだつ》」(漆塗りに金銀板を埋め込む技法)と「螺鈿《らでん》」(貝を埋め込む技法)をお家芸とし、社寺伝来の祭器・仏具を製作してきた。神仏に捧げる高度な技法を守ってきたのである。

現に春日大塗師職・北村昭斎《きたむらしょうさい》氏は、螺鈿技法で人間国宝の選定を受けておられる。因みに平脱・螺鈿は大陸から渡来し、日本で独特の工夫がなされて発展。この技法から更に「蒔絵《まきえ》」の技法が生まれた。

螺鈿の高級品は三十工程を数える。漆器の産地によっては、五十工程を謳《うた》う所もあるという。だが樽井氏は「どない勘定したら五十になるネン」と笑う。

某高級漆器店の番頭に聞くと、最高級品に使われている漆は日本産が三割。中国産が七割と宣《のたも》うた。奈良では全て日本漆を使う人もいる。当地の漆器は木地《きじ》に蚊帳布を貼り、砥粉《とのこ》と漆を混じた「本堅地《ほんかたじ》」を重ねて、上に漆を塗り重ね、鹿の角粉《つのこ》を手につけて磨き上げる「本堅地蠟色塗《ろいろぬり》」を本旨とする。側で見ていると、塗る手間よりも、磨く手間の方がはるかにかかる。

「漆器は使わないかん。触らないかん」が樽井氏の口癖で、良い物は何百年単位で用いられ、例え欠けて水が入っても、布が貼ってあるから、漆が浮いて剥がれる事はない。塗師の所に持参すれば繕《つくろ》いもしてくれる。

かつて樽井氏の木地を造っていた、名工・新子健氏《あたらしけん》に、古材を使って「炉縁《ろぶち》」を造ってもらった。新子氏も初めての仕事であったが故に、手間賃がわからない。その時、側にいた樽井氏が、すかさず「一工《いっく》でエエネン。こんな仕事は、一日あったら充分や。二日もかけたら、職人の恥や」と言った。

つまり一日で組み上げてこそ一人前の職人で、昔から炉縁の工賃は、職人一日の日当が相場なのだという。二日分を貰うことは、職人の恥辱とされていたらしい。

ならば漆器の相場は？　と聞くと、「木地代の七倍」という。木地が一万円なら、塗り賃は七万円、都合八万円が製作費となる。

「誰がつり上げたんやろうなあ」と深く樽井氏は溜息をついた。

職人は〝技と良心〟を以て、矜持としたのである。

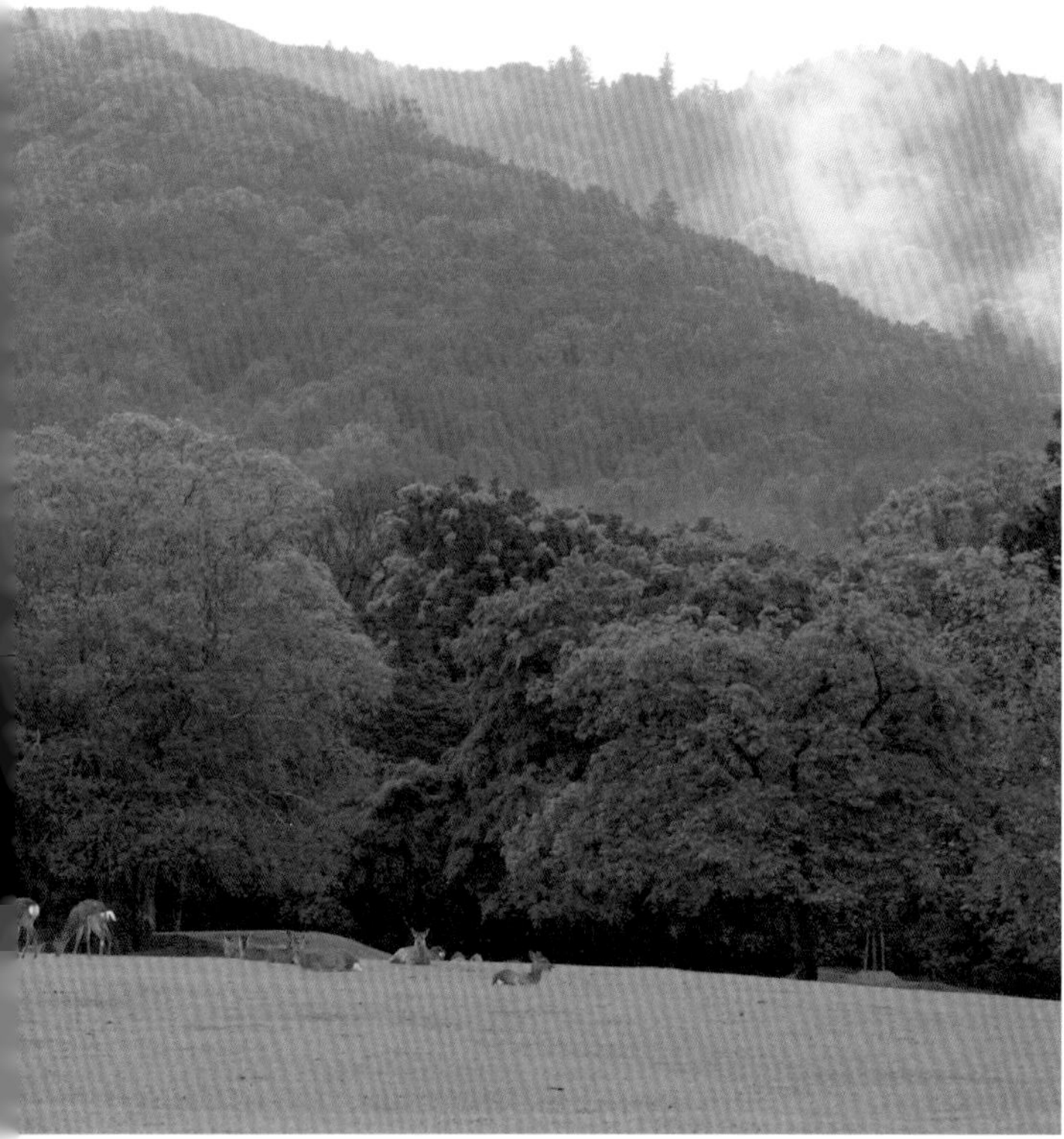

夏の御蓋山と鹿。春日大社にて
（奈良市）

石工の誓い　死ぬ気で事に当たる覚悟

奈良県明日香《あすか》村の高松塚《たかまつづか》古墳の壁画に、カビが生じた事件をご記憶だろうか。当時マスコミがこぞって文化庁を指弾した。

石室を開ければ問題がおこるのは必至で、責任の所在を明確にすることは出来難いと思った。その厳しい世論を受けて解体修理を施すこととなり、数多《あまた》の手練《てだれ》が集められた。

就中、石を扱う職人として白羽の矢が立ったのは、奈良の石工《いしく》・左野勝司《さのかつじ》氏であった。

左野さんは夙《つと》に名工の誉れ高く、気に入らぬ仕事は請けないが、一旦こうと思った仕事は銭金《ぜにかね》を抜きにして徹底してやり尽くすという、気骨のある人である。イースター島では倒れているモアイ像を立ておこし、カンボジアでは、アンコールワットを修復出来る職人を育て続けておられる。

この人が自らの「勘」と「経験」を頼りとして見事、高松塚を解体され、その功によって文化庁長官表彰と吉川英治文化賞を受賞された。

この祝賀会が奈良ホテルで開催される事となり、左野さんから当時春日大社の権宮司職にあった私に、発起人の一人として名を連ねるよう要請があり、悦《よろこ》んでお引き受けした。ところが当日受付で「権宮司、アンタ挨拶することになってマッセ」と言われ呆気にとられてしまった。

そこで、今日は文化庁の皆さんも大勢お見えだから、職人さんがどれだけ素晴らしい誇りと真心を持ち、修練を続けておられるかを話そうと思いついた。

登壇し、「人間国宝でも無い、芸術院会員にもならぬ、路傍《ろぼう》の技術こそ、日本の技の根底をなすもの。本日石工の技がかくも価値ある賞を得た事は、今まで誰も見向きもしなかったその技に光が当てられたのだと思う」と述べた。翌日左野さんは、社務所へ饅頭を持って飛んで来られた。「権宮司、ようオレの言いたいことを言うてくれた。アンタの挨拶が一番良かった！」と丁寧なお礼の言葉を頂戴した。

並居る学者や専門家と全国民の注視する中で、解体を引き受けた左野さんにのしかかった責任の重さは、想像を絶する。

左野さんは当時の胸の裡《うち》を初めて聞かせて下さった。

「毎日奈良から明日香に通う途中の、桜井あたりにエエ枝振りの松の木があるンや。もしも失敗したら、この松の木で首括《くく》って死のうと思うててン」と。

左野さんは命がけで、事に当たっておられたのである。

石舞台古墳（高市郡明日香村）

散髪道　高い技量を提供する誇り

知人に子どもが生まれ、御一族で春日大社に初宮詣に来られた。奥さんの御両親が群馬県からわざわざ来られるとあって、御挨拶に行った。

何でも奥さんの御実家は三代続いた理髪店らしく、話の中でお父さんが、「近頃の散髪屋は、自分で道具を作りませんからねぇ」と嘆かれた。散髪屋さんが自分で道具を整えるとは、ついぞ聞いた事が無かったから、その一事はしかと心にのこった。

ある時、奈良の西大寺駅に程近い、行きつけの理髪店へ行って、主人の岩澤康廣《いわさわやすひろ》さんに、「ナァー、散髪屋さんて、自分で道具作らはりまんの？」と尋ねてみた。すると「ワシなぁー、長いこと散髪屋やってるけど、こんなこと聞いてくれたんアンタだけやぁ。ちょっとカマヘンかぁ」と言って、奥から色々と道具を持ち出して来た。

「一番エエのはベッコウの櫛《くし》や、肌の当りが良い。但し、これ一本十万円。高いから水牛の櫛も使う、これが七千円。しかし肌触りが痛いのや。セヤから砂買《こ》うてきて、半日砂の上をこの櫛で打つんですワ。そうすると櫛先が柔らこうなって、お客さんが心地良い」

なんと櫛にもこれだけの蘊蓄《うんちく》と工夫があったのだ。更に、赤ちゃんの産毛と女性の産毛は、和剃刀《わかみそり》でないとアタれぬらしい。しかし和剃刀は扱い方と手入れが大変で、熟練した理髪師でないと使えないそうである。

また理髪で最も難しい技は「角刈り」で、高倉健の任侠映画で人気があったが、今となっては希望者は絶無。自分は修練に修練を重ねたが、この技を伝えることも出来ないと嘆いた。

断髪令発布以来百四十年の間に、日本人は技を追求して、「散髪道」というべきものを作ってしまったのである。全国どこにでもある「路傍の技」こそ、見逃してはならないのだ。

これこそ日本人の心が込められて来た宝物なのである。

岩澤さんの話から三つの事を教わった。

まず「自分の職業に誇りを持っている」こと。

故に「更に高い技量を得るための修練に励む」こと。

それを「お客さんに提供する」こと。

つまり誇り・修練・真心というこの三カ条こそ、日本の職人さんが持ち続けてきた信念だ。

しかし近頃、理髪師の希望者は激減し、美容師が激増しているという。こんな素晴らしい道に誇りを持ち、この心と技を未来へと伝えてもらいたいものである。

西大寺の総門越しに本堂を望む
（奈良市）

バーテンダー　心さえ変われば人生は回る

広島県福山市の医師会に依頼され、講演に赴《おもむ》いた。和気藹々《あいあい》の裡に終了し、遅い夕食を頂戴して心地よく宿の部屋へ退散しようとした際、二次会のお誘いを受けた。快くお受けして地下のバーへと伺った。

何でもここのバーテンダーは女性で、全国の競いで金賞を得た人らしい。立ち居振る舞いといい、当を得た説明の内容といい、申し分なかった。

謝意を述べ、二言三言と言葉を交すうちにどういう経緯でそうなったのかはわからないが、突然彼女が嘆き出した。金賞は頂けるが、どうしても最高位のグランプリには至らない。二日したら京都で大会があるので、心が落ち着かないのだという。そこで私は、コースターにこんな歌を書いて彼女に贈呈した。

手をうてば　鯉は餌《え》と聞き　鳥は逃げ　女中は茶と聞く　猿沢池《さるさわのいけ》　多川俊映『唯識十章』

これは古代インドの深層心理学というべき「唯識《ゆいしき》論」の「唯識所変《しょへん》」（聞く立場によって

解釈が異なる）のたとえを詠んだ、興福寺の古歌として教えてもらった歌である。

猿沢の池の畔《ほとり》でポンポンと手をうつ、これを聞いて、いつも餌の事ばかり考えている鯉は慌てて池畔に集まり、鳥は鉄砲と聞き間違えて逃げて行く。旅籠《はたご》の女中さんは、お客が呼べばすぐ茶を持って行かねばならないから、ポンポンと耳にすると茶を持って走る。しかし真実はただ畔で手をうっただけなのだ。

つまり賞を得られねばどうしよう、もしも落ちたら恥をかく、福山へ帰ってどう言い訳をしようなどと考えるから、萎縮して実力を出せないだけなのだ。だから、この歌をしっかりと胸に刻んで臨みなさい。そして、上へ上へを目指すより、奥へ奥へと進みなさい。これとこれを調合したら、このカクテルが出来るという事にとどまらず、お客さんが寂しそうなら楽しくなるように、悲しそうなら嬉しくなるようなバーテンダーになって下さいと告げて別れた。

二日経って彼女から電話が入った。見事最高賞を授かったという。しかもシェーカーを振っている姿が素晴らしいとの評価を受けたらしい。心さえ変われば、人生は回転して行くものである。

猿沢池（奈良市）

K女の涙

〝粧ひ〟はイキミタママツリ

Ｋ女は東京で高級な化粧品や服飾品のＣＭを請け負う会社を起業して、バリバリと頑張っている女性である。私の催している勉強会に時折顔を見せる。

ある時彼女は、私の顔を見るなり涙をあふれさせ、こう言った。

「私の人生なんてツマラナイものです。高価な化粧品や洋服を売りつけて、その利鞘《りざや》で生きている。本当にツマラナイ人生なんです」と。そこで私は彼女にこんな話をした。

「奈良の山中になあ、お盆に両親が健在である者だけ、鯖を食べるという風習があるんや」

盆と言えば祖先の霊を迎えて、手厚い供養をする。そんな時に生臭い、しかも殺生した物を食すなど、とんでもない風習だが、珍しい事例なので調べてみた事がある。結局それは「生御霊祭《いきみたままつり》」で、死んだ人の霊を祭る時、同時に生きている人のタマシイも祭っているのだ。

彼女には続けて説明を加えた。

「君がやっている事は、イキミタママツリなんや。人はなあ、苦しい事や悲しい時がある。そんな時自分で自分をいたわってあげる。ほめてあげる事が大事なんや。これが生御霊を祭るということや。美しい着物を身に纏《まと》ってあげる。美味しい物を食べさせてあげる。綺麗に粧《よそお》ってあげる。そうして自分を励ましてあげるのや。つまり〝粧ひ〟ということは、生きて行く上で必要なことなんや」と。

そして「君の仕事は決して恥ずかしい仕事では無いのや！　堂々と胸を張ってやりなさい」と締めくくった。

以降彼女は仕事に邁進したことは言うまでもない。

時を同じくして、とある婚礼で新郎方の来賓の挨拶を頼まれた。いつも婚礼の挨拶は親孝行の大切さを語ることにしているから、手慣れたものだ。新婦は新進の大手化粧品会社勤務で、来賓は上司の辣腕《らつわん》女性部長。彼女が開発した商品は必ずヒットするそうで、次期重役候補というが、挨拶は頗《すこぶ》る下手であった。

余りに気の毒だったので、ビールを持って励ましに行った。その時ふと、あの〝粧ひ〟の事を化粧品会社の人に伝えておきたくなって、話してみた。しかしその反応はまことに鈍く、「へえー」というひと言に終わった。

順風満帆の人には、言葉が心に入らないのだろう。倒れて傷ついた人にこそ、忠言はしみわたっていくのである。

檜原神社。注連縄の向こうに
見えるのは二上山（桜井市）

美しく老いる　何事も釣り合いが大事

近頃婆サンが綺麗になった。こんな表現をしたら、数多《あまた》の女性から指弾されるに相違ない。

少し地味な着物は「年がいってから着たらエエ」と祖母が母に話して箪笥にしまっていたことをよく覚えている。かつて年寄りは年寄り風の地味な服装をする事が常識で、それを逸脱すると「年甲斐も無い」として嘲笑の対象となった。

女性が齢《よわい》を重ねても、美しくなる事は頗《すこぶ》る結構な現象で、華やかである。ところが往々、不釣り合いな華飾があって、「これにはこれは、合わんやろ」と思う組み合わせがある。世の中「ツロク」（均衡）が大切だ。

亡き母に言われた事がある。私は生来骨董が好きだから、それを見越しての忠言だ。「モノにはツロクという事がある。お前がエエ置き物を買うたとする。エエ置き物を飾るなら、エエ床の間が要る。エエ床の間を作ろと思《おも》たら、エエ座敷が要る。エエ座敷を作ろと思たら、エエ家を建てんとイカン。そんなエエ家建てたら、着物もボロは着れん。それがツロクと言うもんや」と。

つまり素晴らしい骨董を有して、ボロボロの風体では釣り合わぬ。いわゆる高価な骨董を持つなら、それなりの資格や条件が無いと、それは虚構に過ぎないという事だ。

どんなに優良な企業でも、社員が幸せを享受し、創業者の家庭も整っていなければ釣り合いがとれていない。大社長でも奥方の前では縮こまっている人を何人も知っている。いくら財界の雄と称えられても、奥方に尊敬されず家庭内では只のオッサンに過ぎないなら、これも虚構であって、均衡が取れていないという事である。

つまりツロクとは裏表が無いということ、本物であるということなのだ。

綺麗な婆サンとは、実に大切なことである。

年を取れば当然容姿は衰える。殊に容貌は年輪である。その人がどんな経歴を持ち、どんな経験を積んだのかという事が刻みこまれる箇所だから、往年の大歌手が今も若々しい容貌をさらして、舞台に上がっても、私は何も感心しない。顔の年輪が見えないからだ。

しかし明らかに若い頃よりも美しくなった老人がおられる。

「美しく老いる」ということは内面の素晴らしい人生を送ってきた人にしか、なし得ない結果なのではなかろうか。

藤岡家住宅にある、樹齢250年の「長兵衛梅」。
古木に毎年、花が美しく咲く（五條市）

市井の智者　袖の下からでも廻る子

「オマエは、シャベラ（饒舌）や」

子どもの頃よく祖母に叱られたものである。

「ものは言い過ぎたらアカン。一旦《いったん》口に出した事は、喋《しゃべ》っていませんとは言えん。セヤから何でも足らん目に言うておくのや。それなら後でつけ足せる」。この訓戒は生涯役立つ。

母からは、「勤め先で、上の人にペコペコするのは、オマエの働きが足らんからや、給料を貰うのは、働きを買《こ》うてもらうという事や。しっかりした働きをしてたら、ペコペコする必要はないのや」と言われた。これも永年胸に置いた教訓である。

人生の支えとなる言葉として諺《ことわざ》というものは必要だ。諺は〝ワザコト〟が語源ではないかという説がある。また、『日本書紀』に出てくる「俳優」は〝ワザヲキ〟と訓《よ》む。〝ワザ〟とは神意がこめられた行いの事で、神をお迎えし、お祭りする際の手振り身振りから、芸能が生まれたことが察せられる。

つまりワザコトとは、神意のこめられた言葉という意味と解せられる。諺は神の垂訓《すいくん》なのである。

誰が言ったか、誰が考えたのかもわからない諺は、誰言うとなく巷《ちまた》から湧き出てきた智恵なのかもしれない。こんな大切な言葉が作者不明とは、考えれば、空《そら》おそろしい事ではあるまいか。故に神の垂訓としたのであろう。

大和にも大和独特の言いまわしの諺があって、老人から聞くたびに書き留めておいた。「傘屋、傘骨被《かず》く」は、「医者の不養生」。「長谷《はせ》（寺）の舞台から飛びおりる」は「清水《きよみず》の舞台から飛びおりる」。どっちもどっちという事は「アモか餅」、アモは餅の異称だ。「四十過ぎての意見はママよ、彼岸過ぎての麦の肥《こえ》」とは、四十過ぎの者に意見をしても効果は無い、彼岸を過ぎてから麦に肥料をやるのと同じで全く効き目は無いものだ、等々古人の智恵はとめどもない。

祖母から聞いた「袖の下からでも廻る子は可愛い」も役立った。どんな苦手な相手でも厭《いと》わず交流すれば、ついには相手にも可愛がってもらえるということ。苦手な相手こそ、その懐深く入って行けとの格言だ。ずいぶんこの諺には助けてもらった。

昔の人は偉い。別に大学や大学院など行ってはいない市井の人こそ、したたかに生きる智恵を心得ていたのである。

平城宮跡、朱雀門の向こうから
朝日が昇る（奈良市）

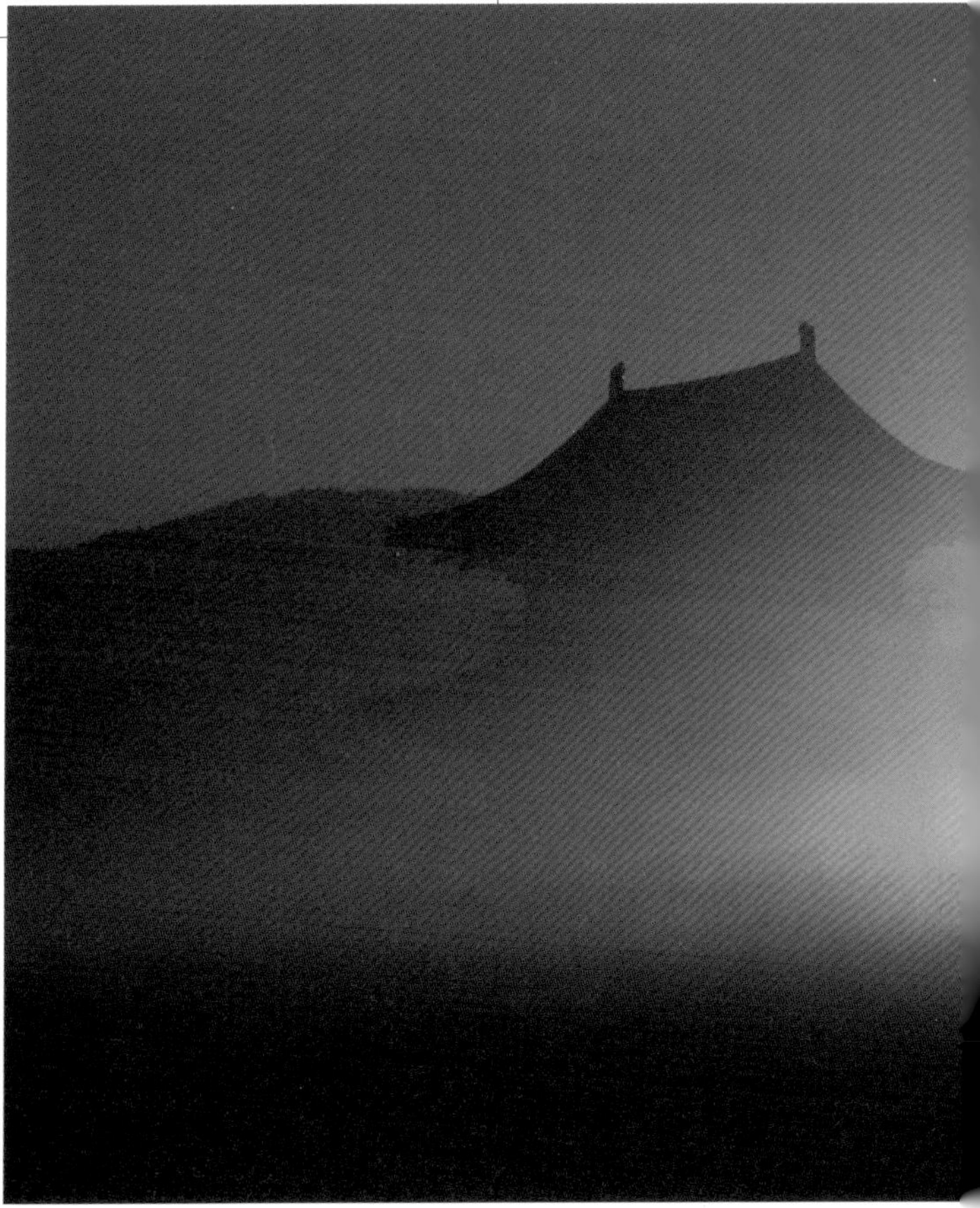

光の奥義　天を味方につけたらエエのや

春日大社の重儀《じゅうぎ》「式年造替」は、二十年毎に御社殿の修繕をする大事業で、莫大な費用を要する。

そのため昭和二十年以降は、広く一般からの御浄財を募る事となった。平成七年の第五十九次の御造替に当り、先ずは神社の歴史や伝統を知ってもらうため、映像を製作する仕儀《しぎ》と相成り、私が担当を仰せつかった。

その撮影には、優秀な監督やカメラマン、照明技師が集められ、鳴り物入りで始まった。就中、照明技士は、黒澤明監督や溝口健二監督の映画照明を担当されたという達人。「照明の神さま」と称えられた、岡本健一翁で、当時七十歳余りであったかと思う。

パラフィン紙を、何度も照明器具に貼ったり挟んだり、外してみたりと、夜の「万燈籠」神事を、丹念に照らし出しておられた。三十代であった私は、横でジッと眺めて居たが、矢も盾もたまらなくなって、蘊奥《うんのう》を極めた人に尋ねてみたのである。

「先生！　照明の極意は何でしょう」

即座に健一翁は、「奥行きを出すこと」と答えられた。

それからは、照明のみならず、人には奥行きというものが必要なのだという思いが、頭から離れなくなってしまった。

爾来《じらい》二十数年を経て、著名な映像カメラマン・保山耕一《ほざんこういち》氏と入魂《じっこん》になり、その時のことを話してみた。奇しくも保山氏は健一翁の謦咳《けいがい》に接した人で、思い出を具《つぶさ》に語ってくれた。

ある給食調理場の撮影で、仕事を共にした時のことである。トラックいっぱいに山積みされた照明器具には一切手をつけず、悠々と椅子に腰かけていた健一翁は、撮影予定時間五分前になって、やおら椅子から立ち上がり、スタッフに調理場の窓という窓を全開する様に命じたらしい。その時開かれた窓からさし込んだ太陽光の美しさは絶妙であった。若き日の保山氏は思わず息を呑み、健一翁に目を向けると、翁は一言「天を味方につけたらエエのや」と話されたのだという。

その後、健一翁に照明の秘訣を問うた保山氏は、「一日中、樹を見とれ」と教えられた。つまり朝の光、昼の光、黄昏の光が、どう樹にさすのか。そして樹は影をどう落とすのか。その移り変わりを会得せよという、奥儀を伝えられたのだ。

春日大社の万燈籠（奈良市）

すたとら　円熟には長い時間が必要

私の知人の父上は、奥方のことを「スタトラ」と呼んでおられるという。その故は、あまりに勇猛果敢に過ぎて、いささか獰猛《どうもう》の域に達せられる、その性格をまるでスターリンとヒットラーを足して二で割ったようだという事に因っているらしい。

江戸時代の人相研究家・水野南北《みずのなんぼく》が、人の開運という事に意を注いだ研究書『南北相法極《なんぼくそうほうごく》意修身録《いしゅうしんろく》』の中に、「一人《いちにん》の妻だに　我心《わがこころ》に随《したが》はざれば　天下の人　皆我が道に随はざるなり」という、耳の甚《はなは》だ痛い一文がある。

つまり、たった一人の我が妻にさえ尊敬されぬ人間が、人様の前に立って、偉そうなことを言っても、誰も賛同して下さることは無い。ということだ。

夫たるもの、妻には全てをさらけ出しているのであるから、妻は自分の素《す》の姿を見知っている唯一の存在である。その妻に尊敬されようという人は、ひとかどの人という事になる訳である。

加えて夫婦は一心同体であるからして、旦那に不都合あれば、すぐさまそれは妻にも及ぶので、妻だけは夫に対して本当の事を言う。そもそも人間というものは本当の事を言われると、怒り出すという癖を持ち合わせていて、図星を突かれると慌て出すのである。

人生最大の協力者にして、血のつながりが無い他人という摩訶不思議なる関係が夫婦であって、お釈迦様でさえ出家された程である。

私が今まで知る中で、三人のご婦人が、死んでからも主人と一緒の墓に、入りたくないとおっしゃっていた。余程今日まで辛抱なさっていたに違いない。しかし後に妻が続いてくれると信じて、旅立って逝かれた御主人は、細君の所業を見て、何と思われるのであろうと思うと、ソラ恐ろしくなってくる。

大和柿（御所柿）は突然変異で甘柿になったが、そもそも突然変異というものは、普通にしていてはおきないものだそうで、災害で枝が折れるとか、危難に遭わぬと、進化しないのだという話を聞いたことがある。

つまり人生もあまたの苦難を乗り越えねば、夫婦関係も円熟せず、家族も進化しないのだ。

良い仕事の出来る人は、家庭も整い、幸せな人でなければならないのである。

余白　無駄と思われることを大切に

某局の若いディレクターが相談に来た。

過日、とある番組に出て、古い時代には神様はお祭りの際にお招きして、祭りが済めば天へとお還りいただいた。その時代の設備は〝ヤシロ〟つまり「屋代《やしろ》」であって、神殿は無く、後に神の常住を願うようになり、本当に神の家である神殿を立てることとなった。つまり〝ミヤ〟「御屋《みや》」となったのだという話をしたからである。

若いディレクターは、視聴者が理解をしやすいように、図示したいというのだ。

そこで私が伝えた内容は、そもそも〝ヤシロ〟とは見立てであって、各人が理想とする神殿をそれぞれに想い浮かべることに意味があって、固定をしたのでは意味がない。無いからこそ想いが深まる。よって図示は賛成致しかねるという趣旨を申し述べた。

ここまでしゃべると、日頃の思いが、口をついて出てしまい、以下は当日の実況記録である。

そもそも近頃の番組は、起承転結があり過ぎて面白くない。何でも「余白」というものが必要だ。

ここに柿本人丸《かきのもとのひとまる》を描いた軸がかかっているが、先日来た客が、人丸の上方にあいている空間は必要なのかと問うから、あいているから人丸が月を見ているのか、山を見ているのか、はたして来し方に想いを馳せているのかと想いが広がるという話をしたら、いたく余白の必要性を感じて帰っていった。

何でも糊代《のりしろ》が必要だ。筒いっぱいの暮らしをしているから、ユトリも無ければ、ギコチも無い。ギスギスしていると心をも病んでしまうのだ。昔の人は経験上それを体得していたから、「無駄」と思われる事を大切にしたのである。

若い時、神社への通勤途上、その日の段取りで頭がイッパイになり、足元ばかりを見つめながら歩いていた。ちょうどお昼時分になって流れてくるラジオ放送が耳に入ってきた。「奈良公園はサルスベリが満開を迎えています」と。毎日歩いているその路で、サルスベリなんか一本も見たことがない。

翌日の朝、歩きながら頭を上げてみると、果たして頭上はサルスベリが満開であった。

それ以来、歩みながら花を賞で、鳥の囀《さえず》りに耳を楽しませる様な人生を送らねばならんと心に決めた。

余白は無限の空間、未知へのステップだ。余白は希望なのである。

おわりに――祈りの風景

保山耕一（映像作家）

私が大和で最も美しいと感じる桜、それは春日大社南門の脇で参拝者を迎えるように咲く枝垂れ桜である。

朱塗りの南門に苔生した石燈籠、風に揺れる淡い小ぶりの花。夜明け前に薄明かりの中で見るその姿は、まるで自らがほのかな光を発しているかのようで、この世のものとは思えないひとときの美を見せてくれる。

なぜ、この桜がこれほどまでに美しい一瞬を見せるのか、若い頃の私はカメラマンとして深く考えることはなかった。

私は50歳になり、岡本彰夫先生と出会うことになる。18歳からテレビ業界で撮影を生業とし、カメラマンとしての修行を重ねて今がある。その経験から得た私のひとつの確信、人は必要な時に必要な人と出会う。向上心を持って進めば、次のステージに上がる時には必ず誰かが現れて導いてくれる。

私のカメラマン人生はその繰り返しだった。岡本彰夫先生もまた、私を導いて下さり、私は前へ進むことが出来たのだ。カメラマンである私は神主である岡本先生から仕事観が変わる程の影響を受けた。先生は私に風景のその奥に目を向けることを教えて下さったのである。以前の私は、目の前に広がる風景をただの被写体としてしか捉えていなかった。風景に対する理解は表面的な見た目で止まっていた。

先生はおっしゃった。

「大和は、千年以上途切れることなく続いてきた祈りの場所である」

私が大和で撮影する被写体はまさに祈りの風景なのだ。レンズを向ける風景の奥には果てしない祈りの時間が続いている。そのことを理解しないで撮影したところで、大和の本質を伝えることなど到底叶うはずもない。先生のお話から、私は南門の枝垂れ桜がなぜこれほどまでに美しいのか、霧が晴れたように見えてきた。

春日大社は創建時から国家平和の為に、一日も欠かすことなく祈りが続けられてきた。神主の祈りだけではなく、参拝者の祈り、奉納される舞や音楽。南門の枝垂れ桜はそのような人々の祈りを見続け、寄り添って来たのだ。だからこそ、これ程までに清らかな花を咲かす。満開の枝垂れ桜を前にして、今日までこの枝垂れ桜が生きてきた時間を想像してみると、途切れることのない祈りの時間がこの枝垂れ桜をこれ程までに美しく咲かせているのだと、心で理解することが出来る。

目の前の風景のその奥に思いを馳せることで、被写体の本質を掴み取る。そうすればカメラマンは迷うことなくその正体にレンズを向けられるのだ。まるで被写体と会話するかのように、撮るべきものが明確に見えてくるのである。奈良時代から途切れることなく続いてきた祈りの風景が、この大和にはある。

岡本彰夫　おかもと・あきお

奈良県立大学客員教授。「こころ塾」「誇り塾」塾頭ほか。昭和29年奈良県生まれ。昭和52年國學院大學文学部神道科卒業後、春日大社に奉職。明治以降断絶していた数々の古儀や神饌、神楽を復活させた。平成27年6月に春日大社（権宮司職）を退任。著書に『大和古物散策』『大和古物漫遊』『大和古物拾遺』（以上、ぺりかん社）、『神様にほめられる生き方』『神様が持たせてくれた弁当箱』『道歌入門』（以上、幻冬舎）、『大和のたからもの』（淡交社）。

保山耕一　ほざん・こういち

映像作家。昭和38年、大阪府生まれ。フリーランスのテレビカメラマンとして『世界遺産』（ＴＢＳ）などを担当し、世界中をめぐる。ＵＳ国際映画祭でドキュメンタリー部門最優秀賞「ベスト・オブ・フェスティバル」を受賞。現在は末期ガンと闘いながら、「奈良には３６５の季節がある」をテーマに奈良の自然や歴史にレンズを向け続ける。第７回水木十五堂賞受賞。第24回奈良新聞文化賞受賞。現在、ＮＨＫ奈良「ならナビ」にて「やまとの季節」放送中。

日本人よ、かくあれ

大和の森から贈る、48の幸せの見つけ方

2020年８月20日　初版第１刷発行
2023年６月15日　　　第５刷発行

著　者　　岡本彰夫・文　保山耕一・写真
発行者　　江尻　良
発行所　　株式会社ウェッジ
〒101-0052　東京都千代田区神田小川町１丁目３番１号
ＮＢＦ小川町ビルディング３階
電話 03-5280-0528　ＦＡＸ 03-5217-2661
http://www.wedge.co.jp/ 振替00160-2-410636
装　丁　　佐々木博則
組　版　　株式会社リリーフ・システムズ
印　刷　　図書印刷株式会社

ISBN 978-4-86310-230-9 C0095